D1734856

Pour Anne,

les mièvreries et autres
turpitudes de ces affreux
Nains de Jardin,

avec le cordial salut
de Jacqueshienne Bernard
‒

Jacques-Étienne Bovard

Nains
de Jardin

BERNARD CAMPICHE EDITEUR

CET OUVRAGE EST PUBLIÉ AVEC L'APPUI
DE LA COMMISSION CANTONALE VAUDOISE DES AFFAIRES CULTURELLES
ET DE LA SOCIÉTÉ SUISSE DES ÉCRIVAINES ET ÉCRIVAINS

« NAINS DE JARDIN »,
SOIXANTE-HUITIÈME OUVRAGE PUBLIÉ PAR BERNARD CAMPICHE ÉDITEUR,
A ÉTÉ RÉALISÉ AVEC LA COLLABORATION DE RENÉ BELAKOVSKY,
ANNE CRÉTÉ, MARIE-CLAUDE GARNIER, LINE MERMOUD,
MARIE-CLAUDE SCHOENDORFF ET DANIELA SPRING
MISE EN PAGES : BERNARD CAMPICHE
COUVERTURE : DODE LAMBERT
PHOTOGRAPHIE DE L'AUTEUR : HORST TAPPE, MONTREUX
PHOTOGRAVURE : IMAGES 3 S.A., YVERDON-LES-BAINS
PHOTOCOMPOSITION : MICHEL FREYMOND, YVERDON-LES-BAINS
IMPRESSION ET RELIURE : IMPRIMERIE CLAUSEN & BOSSE, LECK

à Bernard Campiche

La fondue crée la bonne humeur

Dubuis m'avait regardé avec une incrédulité qui frisait la douce moquerie. Une villa indépendante passe encore, mais un *appartement,* s'ensevelir sous les dettes pour subir encore des *voisins de palier* (ces noms prononcés comme ceux d'une maladie), vraiment, il ne voyait pas l'intérêt. Autant rester locataire...

D'un ton sec, j'avais répondu que la seule perspective de ne plus jamais avoir affaire avec une quelconque *gérance* allégeait déjà ma vie, et que des voisins, moi, précisément j'en voulais. À cause des gosses qu'on aurait avec Cécile...

Qu'on puisse se les confier d'un étage à l'autre, se prêter des habits, des jouets... Qu'ils puissent bien s'amuser avec des petits copains dans l'immeuble... Qu'ils aient un lieu dont nous n'aurions jamais à leur annoncer qu'il fallait partir pour cause de prétendue adaptation au coût de la vie…

Quant aux guéguerres de voisins, je le priais de croire que nous saurions rester au-dessus de ça…

Et d'enchaîner longuement, trop longuement, sur la mentalité débilitante des quartiers de villas, le chacun chez soi béat et néanmoins jaloux, la susceptibilité en somme plus exacerbée de ce genre de voisinage où les paliers, pour être gazonneux et plus vastes, n'en étaient pas moins hérissés de mesquinerie, etc. À tout prendre, je préférais encore le bruit des chasses d'eau à celui des tondeuses.

Sucrant son café, Dubuis avait paru plus amusé encore.

— Tu as mal dormi, cette nuit ?

J'avais très bien dormi. Mais il se pourrait qu'au petit matin les mauvais pressentiments s'exhalent chez moi en âpreté. Surtout quand ils se doublent de mauvaise foi…

*
* *

Même malaise deux mois plus tard, dans le hall d'entrée nouveau, en écoutant Mme Gaulaz. Or l'engourdissement des vacances d'été, en une douce alternance de lectures et de siestes au soleil, m'avait comme hébété, et il m'a fallu un assez long moment pour émerger.

— Alors vous êtes prêt pour l'assemblée, monsieur Bouvier ? Ce soir à neuf heures, n'est-ce pas !… On compte un peu sur vous pour la faire passer enfin, cette satanée antenne parabolique !

Tout échauffée, elle peinait à s'en tenir au murmure.

— Je viens de croiser Mme Jornaud. Ils ont mangé chez les Staub hier soir, mon mari les a vus sortir... Vous pariez qu'ils se sont alliés pour les chaînes allemandes contre les dessins animés et le sport ? Avant, les Jornaud, ils étaient ni oui ni non, mais maintenant, vous vous rendez compte ?

Je ne me rendais pas du tout compte, à propos de ladite antenne comme du reste de l'immeuble, hors ses caractéristiques sommaires. Six appartements, construction récente, jardin d'agrément, vue, proche toutes commodités, dans un village-dortoir des environs de Lausanne, on voit le genre. Bien sûr nous avions observé chez nos nouveaux voisins les signes de crispation dont nous avions l'habitude, ayant déménagé six fois en dix ans : Cécile est artiste peintre, donc snob et dissipée ; je suis enseignant, c'est-à-dire en perpétuelles vacances. Ajoutons que j'ai acheté le plus grand appartement de la maison : six-pièces traversant, deux terrasses, jardin d'hiver et atelier, que tous les autres propriétaires connaissent pour l'avoir admiré sur plans, puis visité la gorge nouée, à titre d'appartement témoin. Mais le prix datait d'avant la crise, le beau six-pièces resta vide, fut mal loué, déserté à nouveau, enfin vendu, et quelle amère pilule pour ces gens, il faut le reconnaître, d'apprendre que le prix avait baissé jusqu'au montant de leurs quatre ou cinq-pièces pas de plain-pied, à un seul balcon, sans atelier ni jardin d'hiver...

— Je vous avertis en vitesse, puisque vous avez deux minutes, monsieur Bouvier. D'abord à cause du garage, pas que vous soyez étonné... Parce que jusqu'à la dernière fois, l'assemblée se faisait toujours chez les gens, à tour de rôle. Été comme hiver, on mangeait la fondue, puis avec le café on passait aux choses sérieuses, vous voyez. Et elles allaient vite, en ce temps-là, les choses sérieuses, et quand on avait fini de discuter, on restait souvent à se raconter des blagues, ou bien à se montrer des photos, même qu'une fois on a fait la nuit blanche chez nous et on avait déjeuné ensemble avec les croissants tout chauds... Enfin ça, c'était les toutes premières années, avant l'affaire de la caisse à sable, avant l'histoire des spaghettis aux moules. Bon, c'est vrai qu'encore avant il y avait eu la machine à laver et que les bringues à cause de l'antenne commençaient déjà...

Ajoutons encore que nous n'avons pas d'enfant, qu'il nous est arrivé d'oublier de fermer la fenêtre avant de faire l'amour, et que nous poussons le scandale jusqu'à employer une femme de ménage.

Saluts secs, donc, linge en retard de dix minutes sur le fil communautaire froidement jeté dans un baquet, voiture d'ami mal parquée aussitôt agrémentée d'un papillon avertisseur, mais nous avions vu pire. Nous commencions même à nous sentir bien et à papoter avec les Gaulaz, qui font office de concierges. Gens de la campagne, chaleureux, serviables, lui représentant en machines agricoles, le coup de blanc jovial, leurs trois garçons toujours ébouriffés et souriants...

Lançant des coups d'œil aigus dans la cage d'escalier, Mme Gaulaz ne discontinuait pas. Et moi qui, en toute sérénité, continuais à penser que j'étais au-dessus de ça, qu'il suffirait de dire bonjour et d'accorder la couleur des sacs-poubelle !

Je riais doucement. Une antenne ! Comme si on allait en faire un drame !

— Mais c'est surtout à partir de la caisse à sable que ça s'est vraiment gâté entre les Azzini et les Staub. Parce que M. Azzini avait installé une caisse à sable dans le jardin sans rien demander à personne, il faut le dire, mais alors une magnifique caisse à sable de quatre mètres sur quatre, et que tout le monde était content. Sauf le Staub, bien sûr, comme quoi les gamins mettaient du sable dans le gazon, que des tas d'enfants pas de l'immeuble venaient jouer aussi, qu'ils faisaient beaucoup trop de bruit, sans compter que quand il pleuvait, l'eau stagnait dans la caisse et il en sortait des zilliards de moustiques qui venaient jusque dans sa chambre à coucher, enfin toute une tartine, quatre pages qu'il en avait devant lui, à l'assemblée, le Staub !...

« Le Chtôbe » est quelque chose comme comptable-chef dans une fabrique d'essuie-mains à rouleau. La cinquantaine prospère, attaché-case et complet de viscose la semaine, le dimanche, pour aller acheter le journal, un training bleu électrique trop serré au ventre et aux cuisses qui révélait, croyais-je encore, une nature plus confortable, plus dodue que redoutablement autoritaire. Fallait-il que j'aie partout cherché des signes rassurants : le lendemain de notre pendaison de crémaillère, qui était pourtant venu protester ? Sa timide petite femme. La pauvre bredouillait sur le seuil, devant Cécile aux trois quarts nue, s'excusait, invoquait les grands soucis et les insomnies de son mari. Scénario habituel, selon Mme Gaulaz : en cas d'*abus,* Monsieur dépêche sa femme catastrophée en première ligne, tandis qu'il ne décolère pas dans son fauteuil, compulsant toutes sortes de documents juridiques en vue de son prochain rapport.

— M. Azzini lui avait bien répondu qu'il y avait pas de jeux pour les petits dans le quartier, et que le gazon était là pour que les enfants s'amusent, Staub n'a rien voulu savoir. Avec lui, il avait les Balimann, forcément, d'ailleurs ils n'ont pas non plus d'enfants chez eux, et ceux des Azzini leur galopent sur la tête à journée faite, surtout le petit Rocco avec son tricycle, et quand il a fallu voter, les Jornaud les ont rejoints aussi, pas que Staub fasse opposition ensuite à leur idée, aux Jornaud, d'installer le verrouillage automatique sur la porte d'entrée avec des sonnettes extérieures, comme chez les Américains. Vous vous rendez compte, les Jornaud, ils ont peur qu'on leur kidnappe leur marmaille ! Ils feraient mieux de la vendre, eux, leur télé, ha ! ha !... Moralité on s'est retrouvés trois contre deux, les Staub, les Balimann, les Jornaud contre les Azzini et nous... Enfin voilà la démocratie, monsieur Bouvier : adios la caisse à sable, les Azzini et les Staub ne se causent plus qu'aux assemblées, et on est sans arrêt emmiellé par la porte quand on rentre avec des gamins dans les bras...

Là enfin, j'ai commencé à comprendre. Serrure automatique, sas de sécurité... Un peu comme un col de nasse, où entrent tout frétillants les car-pillons...

*
* *

On s'est donc rassemblés dans le garage souter-rain à vingt et une heures, entre adultes, pour manger une fondue et régler les menus problèmes d'entretien du toit commun. Les Gaulaz fournis-saient la table, deux caquelons et de très belles fourchettes, les Balimann le kirsch, l'ail, la fécule et le vin blanc de cuisine, les Jornaud et les Staub le fromage, les Azzini la salade de fruits, les cou-verts en carton et le café — tout cela consigné sur une feuille affichée dans le hall. Chacun apportait sa bouteille de vin blanc ou son « thermos » de thé. En qualité de nouveaux résidents, nous étions gracieusement invités, mais ce serait à nous, la pro-chaine fois, de fournir une moitié de fromage, et de balayer le garage.

L'apéritif fut bu debout, sous les lampions de 1er Août que M. Gaulaz avait accrochés sous les néons, afin d'en tamiser la lumière de chapelle funéraire. De la porte ouverte sur la cour, où avaient été bannies les voitures, entrait un air moite qui semblait gluer aux relents du fromage, que Mme Gaulaz tournait *en huit* sur son réchaud de camping. Bien entendu, la conversation a bar-boté d'abord dans les sujets atmosphériques, spor-tifs ou automobiles, avec quelques récits de service militaire, puis les Azzini, que nous avions à peine croisés jusque-là, se sont approchés de nous avec une prudence qui en disait long sur leurs expériences de voisinage.

Les présentations faites (Marcello est électronicien, Luisa femme au foyer, ils ont la trentaine comme nous et parlent le français sans accent), on s'est instinctivement écartés des autres, pour être informés enfin du séisme qui avait entraîné la relégation des soirées au garage : un grand souper de spécialités vénitiennes qu'ils s'étaient permis d'offrir à leurs hôtes, en lieu et place de la fondue qu'ils n'aiment pas. Mme Balimann s'était plainte le lendemain de dysenterie en invoquant les spaghettis aux moules, et Staub, soi-disant incommodé lui aussi, leur avait fait savoir par lettre recommandée que cette initiative contre le plat national ne pouvait être considérée que comme une exception tout à fait unique. Piquée au vif, Luisa avait planté cette lettre sur le panneau d'affichage, avec une phrase énergique stipulant que chez eux on ne mangerait rien d'autre que ce qu'elle servirait. Conciliante, Mme Jornaud avait eu alors l'idée du garage, terrain neutre parfait, *pour sortir de l'impasse,* suggérant en outre de faire « canadien », pour qu'il n'y ait plus du tout d'histoires.

Précisément, cette dernière est venue nous reprocher de faire *bande à part,* avant de mettre le grappin sur Cécile, qui devait sans doute s'intéresser, en tant qu'artiste, au cours de macramé qu'elle donnait deux après-midi par semaine. Je voyais Cécile dissimuler son impatience, laissant échapper des « on verra » aussi poliment conclusifs

qu'inutiles. Prenant exemple sur elle, je suis parvenu à rester aimable face à Staub, tout sucre
tout miel aujourd'hui, qui tenait à me parler de
« culture », de « moyens d'enseignement modernes
liés aux médias », de telle émission historique qu'il
avait vue chez des amis, sur une chaîne allemande,
quel hasard, entre autres astuces qui m'ont persuadé davantage de voter plus tard contre tous les
programmes qu'il souhaiterait. Débarrassée du
macramé, Cécile est venue se coller contre moi
pour me mordiller le lobe de l'oreille en me chuin-
tant droit à l'âme une de ces incongruités dont elle
a le secret, et qui comme toujours m'a laissé pan-
tois, mi-choqué mi-ravi, face à Staub soudain peu
réel, presque comique, réduit à un pantin sonore
qui semblait se donner beaucoup de peine.

O Cécile…

Que je dise ici que, depuis dix ans que nous
vivions ensemble, il n'y avait eu jusqu'alors de fête
de famille, de vernissage, de congrès académique
dont son jeu d'allumeuse furtive n'eût réussi à nous
sauver, à nous retourner en ferventes retrouvailles.
Dix ans, dix ans que sa petite morsure humide à
mon oreille venait me repêcher au seuil de la dilu-
tion morose dans l'alcool et les traits d'esprit, pour
me rappeler à l'essentiel, qui était que je l'aimais,
que la vie était belle avec elle, et que le reste
n'avait aucune importance. Et une fois de plus, la
magie opérait, voilà que la corvée tournait à la fête
intime, voilà que je m'asseyais à sa hanche avec un
sentiment de brusque délivrance, lui répondant
d'un frôlement des ongles au revers de sa cuisse
nue. Quatre ou cinq heures de palabres pour une

antenne parabolique ? Mais qu'elles seraient douces, ces heures à nous annoncer la nuit, à nous affûter d'autant plus délicieusement que la soirée serait plus pesante ! Équilibre d'imagination et de sang-froid, exigence de provocation et de secret complice, la grande rigueur étant de rester convenables jusqu'au départ, ni trop tartes ni trop ouvertement lubriques, ah oui, il y avait de quoi se passionner !

Les bavardages sur le tuyau d'arrosage, sur la porte d'accès à la cave, sur le chat des Gaulaz qui griffait l'écorce du carolin ont donc passé très vite entre les sourires et les caresses du bout du pied. Débats préliminaires, si j'avais bien compris, les objets en question ne nécessitant ni vote ni procès-verbal, et pouvant dès lors se régler la fourchette à la main. Nous étions du reste bien placés en bout de table, partageant un caquelon avec les Azzini sympathiques et les Gaulaz, ces derniers faisant pare-feu avec le camp des *topiaux,* comme nous avait glissé la concierge en distribuant les places.

Les doigts entrelacés avec ceux de Cécile, je n'ai pas été loin de désapprouver un moment ce terme (dérivé peut-être de *taupier*). Un peu d'indulgence, un peu d'humour, s'il vous plaît... Le fromage était lié, onctueux à souhait, le soir amenait sa pénombre dans la cour, les lampions leur halo chaleureux sur les visages. Un soir d'été, douze petits-bourgeois réunis pour manger et liquider quelques détails d'intendance. Peaux agréablement hâlées, robes d'été à fleurs ou bermudas, coiffures décontractées, ces messieurs en short, la chemise ouverte jusqu'au nombril, presque de quoi nous mettre mal à l'aise, Cécile et moi, qui étions les seuls à nous être habillés. Mais où était la menace, la raison de se haïr ? Est-ce que tout ne montrait pas qu'on pouvait facilement trouver l'entente, se laisser aller à la paix ? Ne pouvions-nous pas sacrifier nos divergences au bonheur de nos enfants ?

Mais assez d'hypocrisie… La paix ?

En fait je voyais Staub à l'autre bout de la table, rougi, méthodique, piochant à toute vitesse devant sa femme qui levait son sourire humble de tous côtés comme pour l'excuser, et s'excuser elle-même de ne pas manger assez ; les Balimann un peu racornis à côté d'eux, boutiquiers à la retraite, lui essayant de se donner des airs encore gaillards en buvant sec, elle racontant avec un lourd accent traînant les Baléares à Mme Staub ; les Jornaud enfin, au seuil de la quarantaine, apparemment de bonne compagnie, mais lui, malgré son collier de barbe frisotté et ses airs sympas, avait une façon désagréable de rester en retrait pour observer les autres par en dessous (les papillons, c'était lui), et sa moitié, assez jolie pourtant, sentait sa petite ménagère moderne à principes tout à fait précis sous la fausse amabilité (l'étendage, c'était elle). Petit couple sournois en somme, tout prêt à virer à la tranquille hystérie réglementeuse, dont il faudrait se méfier…

Et moi, sûrement, je ne valais pas mieux. Quel bonheur à les regarder, une main sur le genou de Cécile… Vrai que je ne leur vouais aucune haine ; au contraire, je les aimais bien, heureux de les voir là, réunis autour de leur caquelon, en *camp* bien délimité et hostile, qu'il serait piquant de vexer avant de filer faire l'amour, la fenêtre grande ouverte. Belle indulgence, en effet : si adorables de médiocrité, jaloux du six-pièces, des vacances, de nos raffuts nocturnes, les pauvres, parce que eux, n'est-ce pas…

Dans un transport d'amitié, je me suis levé, ma bouteille à la main, et j'ai fait le tour de la table pour servir chacun. Ce geste a beaucoup surpris, accompagné d'un silence splendide. Sacré chic type, ce Bouvier. Quel exemple. Professeur, critique d'art, la grande classe, quoi…

Mais le pire, c'est que je recommence déjà à rire.

Encore un peu sous cape, il est vrai, avec de brèves bouffées de honte, mais je ris. Et la perspective de tout recommencer, en perdant peut-être pas mal d'argent, n'y change rien. C'est irrésistible.

J'en ai parlé à Cécile. Pour toute réponse, elle m'a avoué qu'elle ne peut plus croiser Staub avec son horrible pansement scotché sur la figure sans se mordre les joues.

*
* *

La première anicroche est venue à propos de la haie de thuyas. Mme Gaulaz avait une amie dans l'immeuble voisin, et souvent, plutôt que de faire le tour du pâté entier, ces dames se rendaient visite en se faufilant entre deux arbustes, toujours les mêmes. Or les *impacts* de ces passages commençaient à se voir, aussi bien au sol dans les cotonéasters foulés que plus haut parmi les branches détériorées. Aussi la compacité panoramique de la plantation se trouvait-elle gâchée par un *trou,* l'écosystème de l'avifaune compromis (et Jornaud *savait de quoi il parlait*). Comment d'autre part, a enchaîné son épouse, faire obéir les enfants quand les adultes donnaient le mauvais exemple ? Bientôt ils traverseraient avec leurs vélos, ils casseraient les branches, et qui paierait la remise en état ? En conséquence, prière était faite à Mme Gaulaz de bien vouloir cesser de traverser la haie, et d'en avertir Mme Crisinel.

Les Staub, les Balimann opinaient de concert, ces dames avec une sorte de sourire tendre qui disait leur souffrance d'avoir dû ainsi sacrifier leurs sentiments pour une amie à cette cause d'intérêt supérieur.

Plutôt prolixe pourtant dans le dialogue familier, Mme Gaulaz semblait soudain interdite, fixant l'assistance bouche bée.

— Ouais mais il faudrait quand même pas exagérer, ou bien ? lui est venu en aide son mari, sans trop de conviction. On s'arrangera toujours avec les Crisinel pour les remplacer, ces thuyas…

Mais Jornaud secouait la tête, navré : nulle servitude, il l'avait vérifié au Registre foncier, n'autorisait ce passage. Il se permettait en outre de faire observer que le tour du pâté n'occasionnait, montre en main, que quatre minutes de marche, sans se presser.

— Ouais mais…

— Laisse, Rémi, laisse, a tranché Mme Gaulaz d'une voix haletante. C'est entendu, on fera le tour... Mais alors il faudra plus jamais qu'ils me demandent de leur avancer un tour de lessive, ceux-là, ha ! ha !... Et je connais aussi un crapaud de gamin mal élevé qui a plus intérêt à tirer les pétales des roses, parce que je dépose plainte, moi !... Je dépose plainte !

Le sourire à la fois satisfait et craintif, Jornaud tirait sur sa barbe, et sa femme offrait un visage lisse, respirant comme au cours de sophrologie.

— Tu sais très bien, Marie-Thérèse, a-t-elle susurré, que ce n'est pas contre toi que nous avons pris cette décision. Ma foi nous sommes plusieurs à partager cet immeuble et ce jardin, il est normal que chacun fasse des concessions. Quant à prétendre que nos enfants...

— Oui, a surenchéri Staub, je trouve étonnant, je dirais même choquant que Mme Gaulaz, qui est mère de famille, puisse seulement penser à se venger sur un petit garçon de trois ans ! Voyons madame, un peu de bon sens ! Pour quatre minutes de marche !

Au bord des larmes, Mme Gaulaz hochait la tête, s'efforçant de garder une contenance et s'étranglant avec le fromage qu'elle avalait trop vite, tandis que son mari enchaînait sur un problème de maintenance du toit, dont la sous-couverture semblait avoir été mal faite, et souffrir d'infiltrations.

Je commençais à y voir plus clair. Bien organisés autour de Staub, les *topiaux* régnaient à l'aise sur les Gaulaz et les Azzini inférieurs en nombre jusqu'ici, et toujours pris de court par les attaques. D'un point de vue tactique, l'affaire de la haie, il fallait le reconnaître, avait été exemplaire. Stratégiquement, elle constituait pourtant une grave erreur : était-il judicieux de lancer ce combat d'avant-garde générateur de fâcheries avant les grandes manœuvres diplomatiques de l'antenne ? Se pouvait-il que ces crétins aient imaginé nous intimider par cette espèce de démonstration de force, Cécile et moi, dans l'espoir que nous nous rallierions au clan majoritaire ?

Légèrement vexé, je l'avoue, j'en avais cessé de caresser la jambe de Cécile, pour mieux me concentrer sur la question du toit. Les propos laborieux de Gaulaz semblaient d'ailleurs rencontrer une sourde dénégation. Ça pouvait attendre, rassurait Jornaud, on n'allait pas déjà engager de nouveaux frais après ceux du séchoir. Le toit ne pouvait pas ne pas être étanche, ajoutait Balimann, il connaissait le charpentier, de toute façon quelques taches d'humidité sous les plaques d'isolation ne voulaient rien dire. Tout au plus avait-on affaire à un phénomène de condensation.

— Je ne suis pas de votre avis, l'ai-je interrompu, et je suggère au contraire que nous mandations au plus vite un autre couvreur pour effectuer une expertise complète du toit.

— Mais vous savez combien ça coûte ? a jappé Jornaud. Pour qu'il nous dise évidemment qu'il faut refaire ceci ou cela ? Non, non, pas question…

Plus criseux que je croyais, le barbu, mais j'allais lui river son clou vite fait…

— Quelques travaux d'entretien nous coûte-
ront beaucoup moins cher que ce que nous devrons
payer tous dans peu de temps si nous laissons
pourrir la sous-couverture. Je trouve étonnant, je
dirais même outrecuidant, qu'on nous fasse courir
le risque de telles dépenses en refusant les plus élé-
mentaires précautions. À moins bien sûr que vous
ne préfériez favoriser je ne sais quel écosystème à
cirons ou autre vermine au-dessus de nos têtes ?

Après une seconde de stupeur, on a éclaté de
rire à notre caquelon, Gaulaz surtout qui tapait sur
la table, n'en finissant pas de relancer son « écosystème à cirons » à la tête de Jornaud, lequel trépi-
gnait en vain pour reprendre la parole. Et un ami,
un !... Enfin on y était. La partie commençait...

Staub me considérait en plissant l'œil gauche,
l'air de se livrer à toutes sortes de spéculations. Les
rires calmés, il a pris la parole d'une voix solennelle
pour abonder, à la surprise générale, dans le sens de
ma proposition, allant jusqu'à remercier Gaulaz de
sa vigilance salutaire. Pas mal joué, mais c'était
encore une faute : très hasardeux de sacrifier un allié
sûr dans l'idée de s'en gagner un autre tout à fait
hypothétique. Et voyant la tête que faisait Jornaud
après le vote, fessé à cinq contre un, j'ai eu ma
petite idée pour remettre à sa place le Röstigraben.

*
* *

On a éteint la flamme sous les caquelons, où
les fonds de fromage oubliés commençaient à
griller, puis mangé la salade de fruits, le temps

d'une trêve aussi tendue d'un côté que de l'autre, chaque camp penché au-dessus de sa moitié de table pour échanger à voix basse commentaires et mises en garde. Les suffrages se répartissant par logis et non par habitants, les couples devaient en effet se mettre d'accord entre eux avant de voter, la chose étant encore compliquée par le statut selon lequel les appartements avaient été achetés : Mmes Staub et Balimann n'avaient visiblement pas voix au chapitre, alors que Jornaud semblait à l'inverse débiteur de Madame. Il ne s'en expliquait pas moins ferme avec Staub, chuchotant avec une telle véhémence qu'il en postillonnait sur la corbeille à pain.

Il fallait cependant que je me renseigne sur les programmes exacts que souhaitaient les Gaulaz et les Azzini. Et c'est en écoutant Mme Gaulaz me dicter à l'oreille droite sa longue liste que j'ai eu ce geste lamentable, qui continue à m'apparaître comme le signe le plus décisif de la soirée. En ce qui me concerne bien entendu…

Impatientée sans doute de ces chuchotis, plus encore de me voir lui préférer ce jeu stupide, Cécile s'était remise à me happer l'oreille gauche… Alors nous, donc, on voudrait *Bingotop* vous comprenez dans le jardin tout de suite tu fais semblant de regarder les éclairs à cause des dessins animés toute la journée et moi je suis à genoux dans le trou de la haie Speedy Gonzalez Titi et Gros Minet Tom et Jerry je te prends tout entier dans ma bouche je t'avale d'un coup comme tu aimes et le soir ils passent des vieux films super ma langue tu sens comme elle t'aime ma langue…

Dix ans de complicité, d'humour, de tendresse inaltérée que j'ai bafoués d'un mot sec, et repoussant brusquement sa main sous la table. Scandalisé. J'étais, oui, excédé et scandalisé. Des trucs pareils, au moment où Staub s'apprêtait à passer à l'offensive !

Une vieille ferme, ô Cécile qui ne m'en as même pas voulu longtemps, une grange, un moulin en ruine, n'importe quelle masure que je vais trouver, prêt à gâcher du plâtre, à racler des volets, à me casser les doigts sur des moellons pourvu que nous ne soyons que toi et moi quelque part, le plus loin possible de quiconque, et je ferai le taxi pour les gosses, les courses, du bois pour l'hiver – tout, tout pour que ce geste et cette soirée demeurent à jamais uniques !

*
* *

Paterne, Staub a commencé par un bref historique, à l'intention des *nouveaux intéressés*. Situé sur une commune pas encore reliée au *câble,* notre immeuble était donc privé des innombrables programmes du téléréseau, et ne recevait convenablement que les chaînes suisses, donc trois fois rien. Seul remède, l'antenne parabolique que proposait la maison Telvit. Apposée sur la façade sud-ouest, elle permettrait de capter de façon optimale dix-sept programmes parmi une vingtaine, au choix. Jusque-là, tous les propriétaires étaient tombés d'accord, les Balimann offrant même leur part de façade à la pose de l'engin qui, acheté en leasing, ne coûterait que trente francs par mois et par appartement.

Ici, Staub a pris une mine compassée, et tourné une page du classeur qu'il tenait sur ses cuissettes. L'accord indispensable à toute signature de contrat s'était cependant révélé impossible dans le choix définitif de ces dix-sept programmes. On était parvenus à s'entendre sur quinze chaînes – trois suisses, sept françaises, une italienne, deux allemandes et deux américaines. Pour les deux dernières, la tendance de l'immeuble, lors de la précédente assemblée, avait paru se diviser en deux options : *Sport 2000* et *Bingotop* d'un côté, *Wundersehn* et *Supersat* de l'autre. En effet, plusieurs personnes dans l'immeuble, dont il ne cachait pas qu'il faisait partie, lui, Staub, s'étaient émues du peu de place laissé aux chaînes germanophones dans la répartition finale : la première langue nationale ne pouvait être ainsi reléguée à trois chaînes contre neuf francophones, *Bingotop* diffusant une grande partie de ses émissions en français.

— L'italien est aussi une langue nationale, a glissé Luisa.

— Pour ce qu'il y a sur *Rai Due,* l'a coupée Marcello... Laisse tomber, on se battra pour *Sport 2000...*

Quant à *Sport 2000,* ces mêmes personnes s'accordaient à penser qu'elle faisait double emploi avec les nombreuses retransmissions sportives que diffusaient les autres chaînes.

Cécile a levé la main.

— Ne pourrait-on pas alors renoncer aux deux chaînes américaines pour contenter tout le monde ?

— Comment ça, contenter tout le monde ? a ricané Jornaud. *MTV, CNN,* pardon mais j'y tiens, moi ! De toute façon, il n'est pas question de revenir ce soir sur l'acquis.

Autre argument de principe, peut-être le plus *incontournable,* la nécessité de préserver les enfants...

— Ouais mais ça, c'est encore les oignons de ceux qui en ont, des enfants, ou bien...

— Mais dis-y, dis-y plus fort à machin qui sait pas ce que c'est que d'en avoir trois à la fois sur les reins quand il faut encore préparer à souper !

Sans doute était-il commode de confier à *Bingotop* la mission d'occuper les petits pour avoir la paix, mais le danger était grand de les pervertir à force de dessins animés. Si encore il s'agissait de bons Walt Disney ! En revanche, la diffusion de documentaires culturels en allemand ne pouvait qu'encourager un esprit constructif d'ouverture, aussi bien sur la première langue européenne que sur le monde entier.

— Ja, ja, Deutschland über alles, a soufflé Luisa.

Ils commençaient à m'agacer, mes braves alliés, avec leurs apartés timides. De nouveau les *topiaux* compacts hochaient la tête, et Jornaud, malgré sa récente déconfiture, ne paraissait pas moins campé sur ses positions, soudé sans doute à Staub pour les chaînes américaines. On allait se retrouver trois contre trois et perdre six mois encore... À toute vitesse, j'épluchais le *TV Hebdo* dont Mme Gaulaz avait eu la bonne idée de se munir.

— *Süsse Spiele geiler Lippen,* là, ai-je saisi au vol, sur *Wundersehn,* ne serait-ce pas un film pornographique ?

Le garage entier a retenti du rire copieux de Staub qui, levant les bras au ciel, en a fait tomber son classeur.

— Mais le dimanche à vingt-trois heures trente, les enfants sont au lit, je pense !... Et ce ne sont que de simples comédies érotiques soft comme on en trouve partout, même sur la Suisse romande ! D'ailleurs on ne voit rien, ce n'est pas de la pornographie, monsieur Bouvier !

Et il repartait de son gros rire, seul de son camp cependant, Mme Jornaud cachant mal son embarras.

Gravement, je me suis levé.

Excuses, refus de toute polémique, grand sourire. Peu averti de ces matières, laissais à M. Staub ses distinctions savantes entre pornographie et érotisme. M'autorisais toutefois à préférer que mes enfants, plus tard, regardassent *Titi et Gros Minet* plutôt que *Süsse Spiele geiler Lippen,* dont l'intérêt documentaire ou culturel me laissait tant soit peu perplexe. D'autre part, que de telles émissions existassent partout ne constituait à mes yeux qu'une raison supplémentaire de s'en passer au profit de vieux films introuvables ailleurs, et dont l'intérêt *familial* ne se discutait pas. Ne pouvais donc me résoudre à cautionner la décadence déjà si avancée de cette fin de siècle. M'étonnais enfin qu'aucune personne ici ne s'indignât contre ces représentations qui, si soft qu'elles fussent, n'en témoignaient pas moins de mentalités machistes et dégradantes. Mais je me faisais peut-être là de fausses idées, à ces dames d'en juger, n'est-ce pas, Cécile...

Beaucoup de « bien dit », « bravo » et autres à mon caquelon (avec un « salaud » ponctué de cinq ongles acérés au gras du bras), mais j'observais surtout Mme Jornaud. Raidie, sa lissité maintenant colorée d'émotion, elle s'est tournée vers son mari pour entamer avec lui un échange de chuchotis plutôt virulents, sous l'œil inquiet de Staub, assis trop loin pour s'immiscer. Jornaud dodelinait sous l'assaut, je l'entendais *relativiser,* tout en quêtant de l'aide du côté des Balimann. Mais Madame soupirait sans regarder personne, pendant que Monsieur, la lèvre pendante d'application, sciait un bouchon à la pointe de son couteau.

Il y a eu ainsi une minute de flottement, durant laquelle Staub a dû peser comme moi l'inconvénient du trois à trois, et le risque du quatre à deux en sa défaveur, si le débat continuait sur *Wundersehn* et que les Jornaud trahissaient. Me jetant un dernier regard proche de la haine, cette fois-ci, il s'est levé à son tour. D'une petite voix de gorge trop douce, qui tranchait avec ses traits convulsés, il s'est excusé de n'avoir pas du tout songé à ce genre de films, qu'il n'entrevoyait qu'au hasard du *zapping,* et qui effectivement pouvaient choquer des sensibilités. Il consentait donc à laisser tomber *Wundersehn* au profit non pas de *Bingotop,* mais de *Sport 2000,* a-t-il martelé l'index sur la table, et à la stricte condition que l'ultime chaîne soit *Supersat* et rien d'autre.

Il apprenait vite, l'animal : Azzini en restait tout attentif, le briquet allumé à dix centimètres de sa Camel. Il fallait faire vite.

— *Sport 2000* se passe de vos strictes conditions, cher monsieur, ai-je lancé avec une certaine verve. J'allais y venir, mais puisque vous me devancez... Comment mettre en cause la seule chaîne qui exalte des valeurs un peu édifiantes pour la jeunesse ? Une chaîne sportive, voyons ! Sans séries américaines, sans meurtres, sans viols, sans bandes de voyous qui rackettent des vieilles dames, sans films de guerre ni d'horreur, sans drogue, sans hard rock ! La seule chaîne où l'on ne trouve que du courage, de la dignité, avec tant d'images fabuleuses !... Je suis tellement d'accord avec vous, monsieur Staub, que je propose que nous votions sur-le-champ cette chaîne, pour dégager un peu le terrain...

J'avais déjà la main levée. Les Azzini et les Gaulaz ont suivi à la seconde, puis Jornaud a basculé, cédant au petit coup de poing discret de Madame sur son avant-bras. Alors les Balimann se sont ralliés, et Staub s'est retrouvé tout seul à côté de sa femme qui le fixait avec angoisse.

J'aurais dû moi-même le regarder mieux, au lieu d'arroser cette première manche au kirsch avec mon bout de table triomphant. Peut-être aurais-je senti qu'il eût mieux valu en rester là et lui abandonner tout de suite son *Supersat*... Mais je ne me sentais plus. Toutes sortes de choses au fond de moi qui s'étaient mises à bouillonner, à s'alléger, à se dissiper en euphorie. J'étais quelqu'un, maintenant. Plus ce miteux qu'on saignait de trois loyers de garantie, qu'on injuriait de notifications, qu'on expulsait d'un congé-vente croquignolet ! Proprio, j'étais, avec des droits que j'avais payés ! Seul maître d'un fief à moi que je faisais valoir pour les miens, contre les autres, mes voisins. Hostiles, détestables par définition !... Mais je les séduisais, je les manipulais... Je les emmerdais... Et j'adorais ça. Je n'avais jamais imaginé que cela puisse être si bon.

Fatigué, croyant sa chaîne assurée en contrepartie, Staub s'est contenté d'assurer que *Supersat* ne produisait aucune espèce d'émission douteuse, et a demandé qu'on passe au vote, *pour la forme*.

Derechef, je me suis levé.

Contrit d'insister, petites courbettes. Mais enfin il s'agissait de choses importantes qui nous engageaient pour longtemps, et touchaient à des valeurs essentielles dont on ne pouvait faire si bon marché. Nos racines, notre langue. Où étaient enterrés nos pères, nos mères qui nous avaient appris à parler ? La Suisse *romande,* notre patrie. La Lotharingie, le Serment de Strasbourg, carrefour de la destinée européenne, faille définitive entre le roman et le tudesque, le français et l'allemand. L'exemple du Major Davel, celui du Général Guisan donnant ses ordres dans la langue maternelle de ses subordonnés... Et l'on prétendait ici, dans cet immeuble, au cœur du Pays de Vaud, faire fi de tout cela ? Alors que nos boîtes aux lettres croulaient déjà de publicités abominablement traduites, quand ce n'était pas simplement en schnick-schnack ? Alors que nous subissions de toutes parts l'arrogante supériorité numérique de la Suisse allemande ?

Bafouillant de rage, Staub essayait de m'interrompre.

— Taisez-vous ! ai-je clamé. Ce n'est pas parce que vous nous mettez dans la dèche en refusant toute ouverture sur l'Europe que vous avez la moindre des prétentions sur nous !

Alors les choses ont tourné très vite au vinaigre. Chauffé à blanc, Gaulaz est sorti enfin de ses « ouais mais ou bien » pour lancer en vrac le Lötschberg à la face de Staub, avec le prix de l'essence, le chômage et le réseau inachevé des autoroutes, prélude à un pénible échange : pas un hasard, a vociféré Staub, si nous étions à la traîne, les Romands ; nous n'avions qu'à nous sortir les pouces de quelque part, et qui est-ce qui faisait tourner la machine ? Heureux, les Suisses allemands, s'ils pouvaient se débarrasser de la Suisse romande, ce tiers-monde !

— Eh bien retournez-y, dans votre usine à riplis, si vous êtes pas contents ! On vous a quand même pas forcés à venir ici, ou quoi ?

Effrayés, les Balimann ont plaidé qu'ils avaient voté oui, le 6 décembre, mais Jornaud a ri bruyamment.

— Ben voyons, et puis pendant la guerre vous avez caché des Juifs, je parie !

Il suivait, c'était du tout cuit. Mais Gaulaz continuait sur sa lancée, incontrôlable. Il y a eu le Letten, le Platzspitz, elle était où la *titziplin,* hein ?... À quoi fut riposté l'effondrement de la Banque Vaudoise de Crédit, bien la preuve que nous étions des rigolos !... Peut-être mais les mensonges sur les transversales alpines hein, ha ! ha !...

Et Delamuraz avec son vin blanc ?... Mais lui au moins il essayait de sortir le pays de la *mégaufle,* pas comme ce pourri de Christoph Blocher, tous ces Neinsager qui avaient causé le triple non à l'agriculture, ces milliers de paysans romands qui allaient perdre leur terre à cause des köbis à la solde de Denner, pas notre faute si vous êtes des assistés, et vous des constipés, non mais eh sales Welsches eh casques à boulons alcooliques paresseux sales Boches que sans le Général on aurait mal fini !

Sentant peut-être qu'ils avaient dépassé les bornes, ils sont restés là béants, les yeux injectés, les poings sur la table, prêts à se jeter l'un sur l'autre.

— Voyons, messieurs, ne nous emportons pas, il ne s'agit que d'une chaîne de télévision !

Les Balimann entouraient consternés Mme Staub qui secouait la tête, les larmes aux yeux. Jornaud avait son air rigolard, sa femme figée dans une sorte de neutralité absolue, proche de l'absence. Les Azzini regardaient par terre. Je crois qu'ils avaient honte...

— Chacun sait que personne ici n'est responsable de tous les malheurs de la Terre, nous sommes dans une démocratie, nous allons donc voter...

Pas de réaction, curieusement, de la part de Staub qui, toujours debout, regardait l'assemblée en roulant sa langue dans sa bouche, des plaques violettes sur le cou et les joues.

— Ceux qui souhaitent *Bingotop,* chaîne francophone...

Dans le silence épais, Gaulaz, Azzini et moi avons levé la main. Sans changer d'expression, Mme Jornaud donnait ses petits coups sur l'avant-bras de son mari, qui ne savait plus où poser son regard, entre Staub, Gaulaz, sa femme et moi.

Puis il a haussé les épaules et levé la main.

Je n'ai pas vu le début de la scène, ayant plongé vers Cécile pour l'embrasser dans la nuque. Me redressant au cri de Jornaud, j'ai vu Staub qui l'empoignait, toujours muet de fureur, mais le poing levé très haut au-dessus de sa tête, et je témoignerai qu'il était proprement effrayant.

Impossible en revanche de décrire la mêlée, qui n'a duré que deux ou trois secondes. Sans doute Jornaud a-t-il attrapé ce qui lui tombait sous la main pour se défendre, et la seule malchance a voulu que la fourchette se plante dans l'œil.

Mais je n'oublierai jamais les hurlements de Staub quand il a compris, le sang lui giclant entre les doigts. Une sorte de cri suraigu qui se vrillait dans le garage, et reprenait, à intervalles réguliers, avec une intensité atroce, tandis qu'il se jetait de tous côtés en se cognant aux murs. Enfin il a heurté la table et s'est effondré face contre terre, inerte.

L'ambulance a emmené aussi Mme Staub en état de choc, et j'ai remis à l'infirmier la fourchette ensanglantée, dont les trois broches recourbées serreraient encore des reliquats de fromage.

Pour l'analyse, c'était peut-être important. Puis on s'est retrouvés complètement hagards dans la cour. Mme Gaulaz avait vomi dans les cotonéasters, Jornaud pleurnichait, Cécile claquait des dents, à deux doigts de défaillir. Enfin Mme Jornaud a eu l'idée de rendre *Supersat* à Staub, une surprise, pour quand il rentrerait de l'hôpital...

— Même si... enfin vous voyez... ça lui fera toujours plaisir...

On a dit qu'on était tous d'accord et on est allés essayer de dormir.

*

* *

Staub est rentré depuis huit jours avec un tampon énorme sur l'œil gauche, qu'il tâche de dissimuler sous des lunettes noires, mais les sparadraps lui tirent la joue, accentuant encore la tuméfaction de sa face.

Il y aura bien sûr des suites judiciaires. Dieu merci, le chirurgien a fait un miracle, l'œil récupérera vingt à trente pour cent de sa vision.

Au début, c'était un malaise de le croiser, car il ne salue plus personne, pas même les Balimann.

*

* *

Bientôt la rentrée des vacances d'été. En feuilletant les petites annonces, je repense à ce bon Dubuis, qui voulait me protéger de mes futurs voisins. Comme on peut se tromper...

Me viennent de drôles d'idées. Commence sérieusement à me demander s'il n'y aurait pas en moi un germe de voisin parfait, dans le genre exécrable..

Me revois plaider, ourdir, m'enthousiasmer… Revois mon plaisir, et surtout ce geste odieux envers Cécile… Pour *Bingotop* !

Elle ne m'en a même pas voulu, mais quand je pense à ce que ç'aurait pu être, si j'avais *eu la télé,* comme disent les gens, je me fais presque peur.

Une ferme isolée, vite.

L'Art de la Paix

I

Le premier leur était pour ainsi dire tombé du ciel, le lendemain de la « pendaison de crémaillère ».

Bien qu'il se fût couché fort tard, Jean-Baptiste Blochard s'était réveillé avec le jour et n'avait pu se rendormir au côté de sa femme. Descendu dans sa cuisine, tandis que le café se mettait à couler dans la tasse, il était allé à la fenêtre pour observer, comme il faisait depuis douze jours, la croissance du gazon neuf sur l'étendue de sa propriété, dont les six cent cinquante mètres carrés s'étalaient vides jusqu'à l'embryon de haie livrée avec la villa.

Et comme du bord de la terrasse son regard se haussait vers les tiges de noisetier, il y avait eu, plantée à quelques mètres, cette espèce de petite bombe hilare tombée du ciel, stupéfiante, semblant prête à exploser de joie rouge et bleue dans le vert timide.

Jamais de sa vie Blochard n'avait eu, durant ces secondes d'incrédulité puis de fascination, la certitude aussi brute d'un événement, d'un signe encore indéchiffrable mais décisif, surgi au carrefour de son destin. Sans songer même à éponger le café débordé, il s'était précipité, en peignoir et pantoufles, dans le jardin.

Bombe de sourire, oui, les joues et les lèvres étirées d'un bord à l'autre de la barbe blanche, les yeux tout ronds et purs sous le bonnet en conque azur allégrement pointée vers l'avant, le nain était plus que sympa, prodigieux, irrésistible avec sa veste coquelicot serrée autour du ventre, sa culotte canari, ses bottes marron plus larges que hautes, et il avait une façon de pencher un peu la tête avec une telle bienveillance, pendant qu'il poussait sa tondeuse à rouleau, une telle amitié…

Une seconde, Blochard avait pressenti toutefois que la chose devait refléter ce qu'on appelle du « mauvais goût » ; mais sa réticence aussitôt s'était changée en élan affectueux. Justement il était si laid, si tout petit, si tout perdu au milieu de la pelouse immense !

Et la pensée qu'il aurait pu le fracasser d'une seule main sur les dalles de la terrasse, mais qu'au lieu de cela il allait sur-le-champ l'adopter, au nez et à la barbe des voisins, l'avait rempli d'une sensation grisante de force et de tendresse à la fois.

Agenouillé dans la rosée, Blochard s'était alors décidé à le prendre entre ses doigts, avait essuyé et lissé les vernis flamboyants, l'avait reposé doucement à quelque distance, où la tondeuse trouverait un gazon plus dru. Puis il s'était mis à rire sans savoir pourquoi ni pouvoir se reprendre, léger, délivré.

À sa femme, apparue inquiète à la fenêtre de la chambre à coucher, il avait lancé, riant toujours :

— Regarde, Madeline, ce que les copains ont laissé, hier soir !... Un gag au Charly, tu peux être sûre... Mais s'ils croyaient me faire bisquer, ils ont raté leur coup. Attends seulement !

Et il tournait sur place, les mains aux hanches, quadrillant le jardin de coups d'œil presque avides.

Sa tête fourmillait d'idées.

*

* *

Appliqué et capable d'adaptation, Jean-Baptiste Blochard venait d'être appelé à la fonction de taxateur au Service des Automobiles, Cycles et Bateaux de Lausanne, dans un bureau chauffé, loin de la halle d'expertise venteuse où, douze ans durant, il s'était dévissé la nuque sous des châssis, et un étage au-dessus du guichet derrière lequel, pendant quatorze autres années, il s'était forgé ce front impavide face à toutes les requêtes, réclamations et clameurs imaginables, tôt convaincu du reste de la mauvaise foi universelle des récriminants.

Avec sa femme et ses deux enfants, il avait fait du camping, du ski, des randonnées pédestres, quelques séjours à la mer, puis assisté aux combats de judo de l'aîné, tandis que Madame allait aux spectacles de danse de la cadette. Quand les enfants furent partis de leur côté, il s'était laissé entraîner dans les forêts par un ami champignonneur, sans toutefois *crocher,* rebuté par tant de noms savants ; il avait essayé aussi la politique avec un collègue, le vélo avec Madeline, l'œnologie par correspondance, la photo noir et blanc à l'école-club Migros ; arrivait toujours le moment où il préférait *bâcher,* passant des week-ends entiers à visionner des cassettes vidéo.

— Je n'y peux rien, disait-il à sa femme, je n'ai pas la passion…

C'est elle qui, n'osant pas imaginer ce qu'il deviendrait une fois à la retraite, l'avait poussé à *acheter,* profitant d'une nouvelle hausse de leur loyer, et offrant de surcroît quarante-six mille francs hérités de sa mère. Très vite, ils avaient trouvé, en banlieue, une villa neuve de quatre pièces et demie, comme sur mesure pour eux, finitions au gré du preneur, avec un jardin modeste, mais propre à les occuper jusqu'à la fin de leurs jours. De plus, on aurait une chambre d'amis, et Jean-Baptiste disposerait au sous-sol d'un établi de menuiserie pour l'hiver.

Le déménagement s'était déroulé aussi bien que possible, grâce aux amis venus donner un coup de main. Mais dès la première semaine, écartelé entre les cartons, le gazon et les lustres, Blochard commençait à trouver la maison *quand même petite* et le jardin *bien assez grand.* Les frais d'entretien l'empêchaient par anticipation de dormir. L'escalier de bois couinait, le miroir de la salle de bains se décollait, les joints de fenêtre avaient été bâclés ;

complètement payés, les maîtres d'état faisaient la sourde oreille, ou se renvoyaient la balle.

— Je t'avais bien dit…

Mais par-dessus tout, l'étendue de terre vierge, où devrait éclore son jardin, s'était mise à l'obséder de façon métaphysique.

Libre.

Hors quelques directives émanant du Règlement communal, il était libre, d'un seul coup, magistralement libre de créer ce qu'il voulait… En même temps, le Règlement était formel, il fallait créer quelque chose… Planter *cinq arbustes au moins de diverses essences locales, dont trois feuillus,* serait assez facile, mais ensuite ?

En tout cas ce serait *en ordre.* Ce serait entretenu, propre, simple mais engageant, un jardin, quoi, un jardin d'agrément, modeste mais riant, paisible, en ordre, deux résineux, trois feuillus… Plusieurs fois il avait failli s'en remettre à Madeline, mais elle avait bien assez à faire encore à l'intérieur. Et la répartition des tâches était claire : le dehors, le jardin, c'était lui.

Lui tout seul, lui tout libre…

Explorés de la lucarne, les aménagements voisins lui avaient suggéré des idées qu'il ne pouvait pourtant se résoudre à exploiter, saisi d'une crainte étrange, irrépressible : cet espace libre à lui attribué par le destin – puisqu'il n'en aurait jamais d'autre que les deux mètres carrés de sa tombe – était comme l'image de ce qui lui restait à vivre ; ce serait donc plus que son jardin, c'est-à-dire plus que de la terre à lui avec des fleurs et des arbres dessus : ce serait comme un livre tout blanc

où il devrait écrire qui il était, et où les autres
aussi, de la route, des balcons, des lucarnes,
allaient lire qui il était, le juger... Donc pas question de *copier*. Il fallait qu'on reconnaisse le jardin
Blochard parmi les autres, et même qu'on le
trouve sinon le plus beau – les gens avaient de ces
goûts – du moins exemplaire en son genre. Mais
dans lequel ? Qui était-il, lui, Jean-Baptiste Blochard ? Quelles valeurs, quelles vertus devait-il
élaborer en quels types de plates-bandes, en plan-
tant où, combien et quelles cinq essences entre les
allées de gravier, pavés, dalles, tout-venant ou
terre battue ?

Le sentiment de son impuissance le jetait dans
de brusques colères : comment pouvait-il songer à
des bêtises pareilles ? Un jardin était un boulet
plus ou moins lourd à traîner, point à la ligne, et
depuis quand se souciait-il de l'opinion des gens ?
Ah, il se moquait bien des voisins comme des passants ! Il serait même capable de leur planter
exprès de quoi les faire râler !

Il retombait toujours sur cette idée, la seule,
mais là encore ne trouvait rien.

Scrutée chaque jour avec plus d'anxiété, l'éclo-
sion de la pelouse lui semblait à la fois trop lente
et trop rapide : la terre nue lui causait des pensées
sépulcrales, mais le gazon naissant annonçait la fin
du sursis après quoi il faudrait tondre et entre-
prendre...

*
* *

De plâtre creux, le nain tondeur (Madeline trouva « Tondinon » dans la matinée) faisait environ trente centimètres pour un peu plus de deux kilos.

L'après-midi, Blochard resta longtemps à le regarder. Une conversation désagréable avec Christinet, venu sans se gêner l'observer par-dessus sa haie (le jeune merdeux typique qui se croit tout permis parce qu'il a déjà sa villa et sa jeep Toyota), acheva d'emporter sa décision.

— Non, monsieur Christinet, ce n'est pas une blague, c'est un cadeau. Et je ne suis pas en train de me demander comment je vais le pulvériser...

— Ah bon... Mais vous n'allez pas lui faire faire des petits, j'espère. Parce que moi, les nains, je dis pas ça pour vous critiquer, chacun fait ce qu'il veut, mais moi, ça me donne des boutons.

— Vraiment...

— Les couleurs, d'abord, mais peut-être encore plus à cause de leur air tellement heureux... Non mais regardez sa tête, à celui-là, on dirait qu'elle coule de bonheur sa tête comme un vacherin qui s'oublie...

— Un vacherin ! Vous avez de l'imagination, vous alors...

— Ha ! ha ! bien obligé, dans la pub !... Je pense au fromage parce que ça fait suisse, les nains. Tout à fait la Suisse qui se sent plus d'être contente, alors elle fond, elle coule dans sa petite boîte... Et à la fin, on se retrouve largués de partout, nous les vachers...

— Moi, vous savez, la Suisse je n'ai rien contre. Les traditions non plus je n'ai rien contre. Je trouve même qu'on devrait moins les mépriser...

Blochard savourait son propre calme face à l'autre qui ne savait plus comment avoir l'air drôle. Il en avait assez vu, de ces fils à papa qui se mettaient à trépigner de l'autre côté du guichet, mais aujourd'hui, la petite joie prenait des dimensions inconnues.

— D'ailleurs ne vous faites pas de souci, ils resteront chez moi, mes nains…

— Encore heureux, parce que je vous dis pas l'accueil qu'ils se renifleraient ! Hiroshima, les gnomes, ha ! ha !

Il y avait comme une allégresse dans l'air, et le sourire montait sans peine sur ses lèvres, y flottait tel un pavillon.

— Quand vous aurez une minute, venez donc boire le thé avec votre épouse, monsieur Christinet… D'ici là, je vous souhaite une bonne fin de journée.

Le merdeux s'en était retourné décontenancé, à l'évidence de mauvaise humeur.

Il n'y avait plus à hésiter.

*
* *

Les suivants ne se firent pas attendre, accompagnés d'ornements qui occupèrent tout le printemps de Blochard.

Il y eut ainsi une Blanche-Neige, bien sûr, qui joignait les mains au milieu du cercle formé des sept nains hospitaliers, tous de très belle qualité et bien reconnaissables devant leur chaumière de balais de riz entrecroisés. Puis un magnifique lot de jardiniers à tablier vert, trouvés grâce à une petite annonce : Brouetton, Sarclon, Giclon, Ratelon et Finasson, ce dernier, les mains aux poches, regardant les autres à la besogne. Le jardin alentour semblait édifié par leurs soins, si bien que, pour conserver le charme, Madeline devait déplacer Giclon chaque fois qu'elle coupait une salade. Ailleurs, Blochard avait inversement soumis la nature, pour mettre en valeur l'activité du nain : la ligne de Taquinon trempait dans l'eau d'un lagon de ciment bleu avec cygne flottant et poissons rouges ; comme ceux-ci crevaient dans l'eau saumâtre, il avait creusé le ruisseau qui rejoignait, en trois jolis méandres, l'écoulement de la terrasse ; il avait eu alors l'idée des petits ponts, de trois styles différents, et que des êtres divers franchissaient : Bambi cabriolant, un montagnard suivi d'un âne au bissac tout fleuri, enfin un Timide dépareillé et triste, acheté par pitié dans un fond de brocante. Alimentant la source, le robinet de jardin *faisait bizarre* : il avait alors imaginé le moulin, accoté à la façade ; dissimulé dans l'édifice, le robinet entraînait les pales à la vitesse qu'on voulait. Puis des amanites tue-mouches avaient poussé le long du cours d'eau, ainsi que des espèces de lépiotes orange, qui présentaient en outre l'avantage de signaler le fossé à la vue basse de Madeline.

Tout cela venu de soi-même, sans effort, comme dicté par une voix mystérieuse. Taquinon, assis sur son panier, paraissait stupéfait de tant d'invention.

*

* *

Il ne s'était plus posé aucune question. Ça l'avait pris, ne restait qu'à suivre, et à faire ce qui s'imposait. Quel bonheur, du reste ! Sitôt rentré du travail, il se mettait à l'œuvre au jardin, déplaçant une grande caisse pleine de truelles et de taloches, se référant souvent à un croquis crayonné sur le papier du Service des Automobiles, ou bien s'occupait du gazon, du potager, des arbustes frais plantés. Les jours de pluie, il disparaissait au sous-sol pour s'initier à l'art du moulage, des mastics et des vernis. Le poursuivait en effet chaque jour plus impérieusement le désir de créer les figures qu'il voyait dans sa tête, le matin surtout, en se réveillant. La pensée qu'un jour il pourrait les contempler dehors, à leur place prévue, les montrer et dire c'est moi qui les ai fait sortir d'un bête sac de plâtre, sans rien devoir à personne, sans regarder même dans un livre, le faisait vaciller, sous l'effet d'une poussée inconnue qui lui montait du dedans, et il donnait du poing sur son établi.

— Mais j'y arriverai, nom d'un chien, j'y arriverai !

Car, pour l'heure, de véritables monstres sortaient des moules, tombant en gravats avant même d'avoir atteint le fond de la caisse à bois. Il ne se décourageait pas, adepte autrefois de la course de montagne, sachant donc qu'il faut parfois, durant les longues épreuves, se rencogner la tête entre les épaules pour ne plus rien regarder, surtout ne plus penser, et marcher. Mais il fallait savoir aussi jeter toutes ses forces dans la bataille, quand l'occasion se présentait. Les ultimes économies, réservées à la moquette de la salle à manger, servirent ainsi à l'acquisition d'un groupe d'authentiques Schwytzois en culotte courte et bretelles festonnées, qui bûcheronnaient fiévreusement au pied du compost, emmenés par trois musiciens coulés d'une seule pièce ensemble avec leur harmonium, trombone et contrebasse. On croyait entendre les notes parmi le son des scies et des haches, tant ils semblaient vrais, et ce coin du jardin apparaissait à Blochard comme la partie la plus réussie, pour l'instant, de son œuvre.

*
* *

Madeline l'avait dit à la poste, à la boulangerie, au satellite Denner, elle était *aux anges,* les caquetages du quartier comptant peu pour elle face au soulagement de voir son Jean-Baptiste sans cesse affairé et heureux. Il ne connaissait plus ces jours de rogne silencieuse où il ne fallait pas lui adresser la parole, ni ces agitations subites qui le dressaient en nage, en pleine nuit. Sans rien dire, il avait tout à fait renoncé au vin blanc qui le crispait, et troqué ses pénibles Boyard contre une pipe dont le tabac hollandais embaumait toute la maison. Plus de remarques injustes à son égard, d'aigreur en parlant des enfants et de leurs conjoints, du monde en général ; au lieu de cela une sorte de détachement, un petit air narquois et entendu. Il mangeait mieux, ne regardait plus son sacro-saint téléjournal, préférant fumer sa pipe sur la terrasse en laissant descendre doucement la nuit sur son « petit monde », ou compulsant le « Grand Livre de la Sagesse universelle » qu'il venait d'acheter, et dont il lui lisait parfois un *morceau*, en détachant solennellement chaque mot.

À l'égard du voisinage, la métamorphose était plus remarquable encore. Plaisantait-on sur ce que ce que M. Fischer appelait sa *nanomanie* ? Nul n'est parfait, répliquait-il. Le fils Huguenin faisait-il entendre de la musique après vingt-deux heures par sa fenêtre ouverte ? Tolérance, disait-il, il faut bien que jeunesse se passe ; et il comptait quinze minutes à sa montre avant de téléphoner. L'informait-on d'un drame dans le quartier, d'un divorce, d'une rivalité, il compatissait sans prendre parti, changeait le plus vite possible de sujet.

— Les petits ruisseaux font les grandes rivières, avait-il répliqué à M. Christinet, qui s'indignait par-dessus sa haie d'une nouvelle taxe sur les carburants. Et puis vous savez, moi, je ne suis plus dans la course... Vous êtes jeune, vous verrez : il y a un moment dans la vie où on comprend que la sagesse, c'est de tout bonnement cultiver son jardin sans regarder plus loin...

*
* *

Puis il y avait eu la visite des enfants.

D'abord muets de surprise, ils s'étaient bouché le nez en poussant des cris horrifiés, avaient prononcé des mots que les promeneurs mêmes, qu'on entendait par les fenêtres ouvertes, n'avaient jamais proférés.

— Un flingue ! braillait Pierre-Antoine, un flingue tout de suite, que je ratiboise tout ça !

Comme préparé, Jean-Baptiste paraissait ailleurs, riant un peu, les mains aux poches.

— Mais enfin, papa, s'était emportée Anne-Hélène devant les bûcherons, qu'est-ce que tu nous fais comme crise ? Des horreurs pareilles, on ne voit que ça depuis la route, tu ne te rends pas compte que tu es grotesque ?... Tu n'as pas honte ?

Jean-Baptiste, très calme, avait répondu qu'il ne voyait pas pourquoi on devrait s'interdire, alors que la moitié du monde ne pensait qu'à exploiter ou étriper l'autre, de se préserver une petite place à l'abri, avec rien que de la bonté autour de soi, de l'honnêteté, du bonheur... De la modestie, de la simplicité de vivre...

— Ça vous fait drôle, ces mots, n'est-ce pas ? C'est comme du Bon Dieu, il ne faut pas en parler !... Un flingue, tu disais ?... Et toi tu me dis que je devrais avoir honte ? Bien bien, je prends note... Mais à votre place je réfléchirais à ce que j'ai dans le cœur, si ces braves petits gars qui ne vous ont rien fait vous dérangent tellement... Oui, oui, moi je me poserais des questions...

Pour le reste, bien sûr, il n'était qu'un cul-terreux, il n'avait jamais été *aux études,* il ne comprenait rien à la vraie peinture, à l'art, tout ça. Mais il comprenait que c'était pourtant quand même bien lui, Jean-Baptiste Blochard, qui avait payé pour vivre ici, lui qui mourrait ici dans quelques années, alors il avait le droit au moins que ce soit comme il voulait autour de lui. Ses nains, il les trouvait d'ailleurs aussi regardables dans leur genre que la plupart des tronches qu'on voyait partout, mais ils ne disaient rien, eux, ils ne faisaient pas de politique, ne se droguaient pas et n'avaient pas le sida.

— Ma foi c'est dans l'ordre des choses que les enfants méprisent leurs parents, je n'y peux rien. Vous n'aurez qu'à attendre que nous soyons morts votre mère et moi pour ratiboiser tout ça. D'ici là, si vous voulez, on ira au restaurant quand vous viendrez. Je ne veux que la paix, moi…

Les choses s'étaient passées plus mal encore avec les amis de la pendaison de crémaillère : on avait hué, glapi, beuglé, on s'était claqué les cuisses, chacun y allant de sa proposition pour *zigouiller ces gnomes hideux,* au club de golf, à la hache d'arme, à la barre à mine, au fusil à pompe, au fusil de chasse, au fusil mitrailleur, à la fin Charly avait voulu donner une démonstration de « lancer du nain », faisant tournoyer Brouetton au-dessus de sa tête. Jean-Baptiste avait passé la soirée à hocher la tête, sans perdre le sourire. Puis, au moment de se mettre au lit, il avait déclaré tout simplement qu'ils ne reviendraient plus.

— Tu as vu comme ils sont repartis heureux d'avoir de quoi ricaner sur nous en rentrant ?… Grand bien leur fasse, mais moi je n'ai plus rien à leur dire. Et ils me gâchent le paysage.

Il parlait les yeux fermés, souriant sur son oreiller comme un enfant.

— Tu sais que le beau Vivien s'envoie la femme au Charly depuis des années, et lui n'y voit que du feu... Même Patricia est au courant, mais elle fait semblant de rien, à cause des enfants, je suppose. À moins qu'elle ait quelqu'un de son côté, qui sait... Walter, je te rappelle que ça fait quinze mois qu'il mendie au chômage sans lever le petit doigt. Mais qui fuit la meule fuit la farine, rira bien qui rira le dernier... Et le Francis, qui a estropié un gamin avec sa voiture, il y a une dizaine d'années ?... Et c'est ça qui veut nous donner des leçons... Eh bien je vois que l'hôpital n'a pas fini de se moquer de la charité !

Enfin, au seuil du sommeil :

— On ne les regrettera pas, va... On est bien tous les deux chez nous avec notre petit monde, tu n'es pas d'accord, Madeline ?

*
* *

Elle avait dit oui sans se forcer : depuis la naissance de Pierre-Antoine, elle ne s'était jamais sentie si *bien* avec son mari. Elle aurait préféré pourtant le mot *tranquille*. Et encore... Plus de conflits d'aucune sorte, de simple tension, c'était bien reposant, mais leur vie ne s'enfonçait-elle pas dans une sorte de serre chaude et silencieuse, où se multipliaient les petits bonshommes sans doute mignons, mais pareils à des fleurs factices, sans épines ni parfum, si tristes, si funèbres à la fin ? À table, plus d'échos du Service des Automobiles, de projet de sortie, de simple discussion sur un fait d'actualité. Quant à des vacances à l'étranger, il n'en fallait pas parler.

— Pour qu'en notre absence on nous les vole ?... Et puis aller où ? Voir quoi de mieux qu'ici ?

Il avait résilié l'abonnement de *24 Heures,* peu après vendu téléviseur et magnétoscope.

— À croire ce qu'on voit sur cet engin, on dirait qu'il n'y a plus que la violence et le sexe au monde. Qu'ils se tapent sur la figure sans nous !

Soit, mais pourquoi Jean-Baptiste, excepté le premier soir, où la fatigue seule, elle n'en doutait pas, l'avait empêché de parvenir à ses fins, ne s'était-il plus du tout intéressé à elle ?

Elle remit des toilettes quelques mois plus tôt couronnées de succès ; elle ne put même savoir s'il les avait remarquées. Elle pimenta davantage ses sauces, fit des avances plus claires ; il l'embrassait sur la joue, disait quelques paroles bienveillantes, et retournait à son établi. Enfin elle l'avait abordé en fin de sieste, collée nue à son côté.

— Dis donc, mon philosophe, si tu revenais un peu sur terre pour t'occuper de ta femme...

Achevant de se réveiller, il s'était dégagé d'un sursaut, avait fui à la salle de bains. Le soir, comme il parlait longuement de travaux d'isolation à effectuer avant l'hiver, elle l'interrompit, balbutiante comme elle ne l'avait jamais été.

Il ne la laissa pas même achever sa phrase.

— Madeline, je n'ai pas du tout envie de parler de ça.

— Et pourquoi ? J'ai besoin qu'on en parle, moi... Je suis ta femme, et toi...

Mais elle ne le reconnaissait plus du tout, hiératique, figé dans une attitude lointaine et réprobatrice.

— Madeline, avait-il déclaré alors d'un ton à la fois sévère et compatissant, j'ai beaucoup réfléchi... Il y a un temps pour tout. Regarde-moi, regarde-nous... Ces choses-là, c'est pour quand on est jeune. Entre vieux, c'est cochon.

— Mais nous ne sommes pas plus vieux qu'il y a trois mois !... Tu n'as pas cinquante-huit ans !... Et je sais bien que tu n'es pas... enfin que tu... Il suffit de vouloir, d'être patient !

— Tu vois bien que c'est cochon. Et que ça nous fait de la peine...

Il avait rallumé sa pipe, lâchait de courtes bouffées vers le plafond.

— L'art de la paix, vois-tu Madeline, c'est de savoir se résigner à l'avance. Savoir couper tout de suite ce qui dérange. Le plus tôt est le mieux. Comme ça c'est fait. On oublie, et on peut s'occuper d'autre chose. Regarde les autres, à quoi ça les mène...

II

Elle avait eu le malheur de se confier à la femme de Charly ; une semaine plus tard, un matin, alors qu'ils déplaçaient le dispositif d'arrosage nocturne, les Blochard découvrirent de nouveaux nains dans leur jardin.

Le premier urinait dans le ruisseau, cambré comme un arc sur le pont en pierre ponce ; cramoisi, sa petite culotte sur les chevilles, le deuxième « poussait » de toutes ses forces au-dessus de la ciboulette ; le dernier, fixant Blanche-Neige avec une expression sardonique, maniait un sexe démesuré qui sortait comme une fusée écrevisse de sa braguette.

Ces garnements étaient d'une polissonnerie si outrée que Madeline, souhaitant entraîner Jean-Baptiste du même côté de la surprise, avait eu un grand éclat de rire. Mais Blochard, pétrifié à chaque découverte, avait couru chercher un outil, voulant les écraser sur place. La bêche brandie à deux mains au-dessus de sa tête, blême, écumant, il s'était toutefois contenu.

— J'aime encore mieux aller les noyer, tiens, ces saligauds !...

Et comme elle ne comprenait pas :

— Tu ne veux pas que je passe encore deux heures à ramasser les morceaux !... Au bout du débarcadère, par six mètres de fond ! Qu'on n'en retrouve jamais rien ! Qu'ils disparaissent !

*
* *

Il était pâle encore en rentrant, et n'avait pas eu trop de toute la journée pour retrouver son calme. Le soir, cependant, il haussait les épaules.

— Des pauvres types, des jaloux, qui s'amusent comme ils peuvent. S'ils croyaient me faire bisquer... Mais il ne faudrait pas qu'ils reviennent salir notre jardin. La prochaine fois, je serai obligé de déposer plainte...

Ils ne revinrent pas, Madeline s'étant mise au téléphone le jour même pour supplier qu'on ne tarabuste plus jamais Jean-Baptiste à propos de ses nains. Oui, oui, Jean-Baptiste était devenu *un peu spécial,* elle était bien obligée de le reconnaître. Ma foi la vie n'était pas rose tous les jours...

*
* *

L'été fut serein et long, le gazon étendant partout son tapis de vigueur douce. Jean-Baptiste, qui avait pris trois semaines de vacances, était bronzé jusqu'à la ceinture. De la terrasse maintenant agrémentée d'une véranda de bambou à la tour de compost dissimulée en puits médiéval, du potager irréprochable aux croisillons de sapin clair qui doublaient les noisetiers, le jardin rutilait, grouillant de bonté besogneuse et de joie simple.

Triant de vieilles photographies sur la véranda, Madeline regardait son mari se relever, les mains plaquées au bas du dos, avec un soupir de fatigue contente. Leur petit paradis… Parfois il venait s'asseoir vers elle, tout en transpiration, le temps d'avaler un verre de sirop, lui souriait et repartait.

— C'est les outils qui m'appellent, je n'y peux rien !

Elle le regardait alors taper, tasser, trouer, tordre, racler, sarcler, arracher, le sécateur perpétuellement à portée de main dans un étui qui lui battait la cuisse… Depuis qu'elle avait vu cette bêche brandie au-dessus des polissons, les outils sans cesse plus nombreux de Jean-Baptiste lui inspiraient un malaise irraisonné. Impossible d'autre part de ne pas soupçonner, sous son expression satisfaite, de troubles penchants, en particulier lorsqu'il répandait de pleins arrosoirs de poison contre les mauvaises herbes (« Buvez ça, mes cocottes, buvez tout »), ou quand il empalait les limaces sur un poinçon, pour les poser, vivantes encore, sur le brasero.

— Elle te tente, la brochette du pauvre, Madeline ? plaisantait-il en se moquant de sa « sensiblerie ».

Avec quelle étrange impatience aussi huilait-il sa cisaille à bordures, avant de passer trois heures, agenouillé, à décapiter le moindre brin d'herbe au pied des nains, et de quel air inquiétant, à la fois souverain et sournois, arpentait-il la ruelle du potager, statuant sur le sort de telle plante qui ne poussait pas comme il voulait...

— Demain je lui règle son compte, à ce poireau. À se biaiser comme ça, il fait honte aux autres.

Elle en vint bientôt à se sentir partout étrangère en ce jardin où, parmi tant de pittoresques trouvailles, de bonheur humble et de sourires béats, tout lui disait, de manière larvée, la présence d'une obstination maniaque qu'elle n'arrivait pas à préciser, mais dont elle sentait intimement la sourde cruauté, le despotisme buté et prétentieux, la violence enfin, silencieuse, perverse, lovée sous les couleurs agressives.

Faudrait-il un jour qu'elle ait peur de lui ?

La journée finie, ils se grillaient de la viande sur le brasero, et buvaient un verre de rosé à la bouteille que leur tendait Picolon dans son seau à glace. Puis on jouait au *scrabble,* Jean-Baptiste perdant sans impatience chaque partie, ou à la *crapette,* qui lui réussissait mieux. Tandis qu'ils réfléchissaient sur leurs lettres ou leurs cartes, les téléviseurs voisins leur envoyaient des échos de sirènes et de coups de feu, quand ce n'était pas, plus tard, des gémissements équivoques.

— Les pauvres, lâchait Jean-Baptiste entre deux bouffées, rester chacun de son côté à regarder ces crétineries, alors qu'il y a tellement mieux, tellement plus simple à faire, n'est-ce pas Madeline ?

On alla prendre le café un jour chez les Christinet, un autre chez les Henchoz. Le 1er Août, il y eut une visite des enfants, qui racontèrent leurs vacances, et, pendant que Jean-Baptiste restait pour parer à d'éventuelles fusées égarées, on alla regarder le feu d'artifice à Ouchy. Une pluie d'orage, vers la fin du mois, endommagea les chicorées…

*
* *

Un soir de septembre, elle osa reparler d'elle, ayant cherché les mots les plus légers. Son propos à peine commencé, elle se retrouva presque stupide face à lui, toute espérance soudain évanouie, et s'interrompit d'elle-même.

Il la regardait les yeux ronds, tombant des nues.

— Mais Madeline, ce sera toujours toi le plus bel ornement de ce jardin !

Et il alla lui préparer une infusion, qu'il apporta sur la terrasse.

— Ce tilleul te fera du bien.

Elle ne répondait pas, détournant le visage. Ses épaules nues tremblaient légèrement. Alors il repartit lui chercher un châle.

*
* *

Blochard ne fut pas autrement étonné, quatre jours plus tard, lorsqu'elle voulut partir une semaine chez Anne-Hélène, plutôt soulagé, au fond, ne doutant pas qu'un séjour chez sa fille lui remettrait les idées d'aplomb. La pensée qu'elle cherchait peut-être à le mettre à l'épreuve, à lui faire comprendre des choses par son absence, l'effleura néanmoins. Il haussa vite les épaules : n'avait-elle au préalable rempli le congélateur de plats qu'il n'aurait qu'à passer au four, leurs durée et température de cuisson écrites sur de jolies étiquettes bleues ?

En plein démoulage, il ne s'étonna pas plus, à la fin de la semaine, quand elle parla, au téléphone, d'une semaine supplémentaire, pour terminer des travaux de couture.

— Mais non, fais comme tu veux, chérie. Je me débrouille très bien tout seul. Au pire, j'irai m'acheter des pizzas et quelques boîtes…

En revanche, la lettre recommandée de Me André Curtilles, avocat, qu'il reçut le vendredi suivant, le laissa une heure durant stupéfié, incapable d'aligner deux idées. Personne ne répondait au téléphone chez Anne-Hélène. Il monta dans sa voiture pour s'y rendre, renonça, revint au jardin, laissa dix outils derrière lui sans avoir rien fini.

À midi, une boîte de langue de bœuf sauce aux câpres et une demi-bouteille de vin rouge émoussèrent un peu la douleur qui, de façon continue, lui poignait le côté gauche. Avec le café, il put relire la lettre.

— « Procédure de séparation », fit-il à haute voix, jolie couture !… À ta santé, Madeline, santé Anne-Hélène, et vive la gratitude !

Les mots « tentative de conciliation » le firent éclater d'un rire sec, qui reprit à l'idée subite de la

réponse qu'il ferait. Ah, elle voulait de la conciliation !

Les quatre grands cartons furent pleins en une
heure, les habits, les bibelots jetés pêle-mêle, sa
douleur augmentant de découvrir, à la vue de ce
qu'elle avait déjà emporté, que tout était prémédité.
Les mâchoires lui faisaient mal, tandis qu'il fonçait
au bureau de poste, mais l'expédition des colis le
détendit brusquement ; elle en ferait, une tête !

Roulant avec prudence sur le chemin du
retour, il put envisager posément les jours, les
semaines à venir, avec leurs formalités et rencontres
inévitables. Il commença même à entrevoir que ce
qui lui arrivait constituait une épreuve par où il
parviendrait à un degré supérieur d'il ne savait
encore trop quoi, mais ce serait une *démonstration*.
L'idée, du reste, s'en précisait.

Il n'y aurait pas une plainte de sa part, pas une
injure, surtout aucune explication. Le silence est
d'or. Le sage est au-dessus des cris.

On ne voulait plus de lui ? Le sage prenait
acte, et laisserait agir la loi, qui ne pouvait être que
de son côté, puisque sa femme avait quitté le
domicile conjugal.

À l'audience, il serait glacial avec elle – ou plutôt froid. Digne et froid, ne la regardant pas, ne se
laissant atteindre par rien... Arrivant dans son
garage, il eut une illumination : non, il serait correct,
poli, même attentionné, lui tenant la porte de la salle
d'audience, si ça se trouvait, lui tendant des mou-
choirs... Maître de lui, sans regret, sans émotion...
Il serait avec elle simplement *comme tous les jours*.

C'était la meilleure façon de lui faire mal.

*
* *

La séparation fut prononcée au début de l'automne. À l'audience, Blochard fut aussi digne que souhaité, tout droit sur son siège et ne faisant pas une réponse de plus de quatre mots. Il avait salué d'un court sourire Madeline qui lui fit le plaisir de paraître sensiblement plus éprouvée que lui, et ne la regarda plus jusqu'à la fin de la séance.

Auparavant, il avait trouvé curieux que son avocat aille s'entretenir dans le couloir avec la partie adverse, mais ne s'en était pas formalisé ; tout n'était partout que magouille, le tribunal n'y échappait pas... Or, lorsque Me Curtilles lui avait représenté que sa femme *lui faisait une fleur* en ne réclamant pas le divorce, du moins pour l'instant, il avait eu plus de peine à se contenir :

— Comment ça, une fleur ? Je voudrais bien savoir ce qu'on pourrait trouver contre moi !

Les termes de « cruauté mentale », émis pourtant avec circonspection, l'avaient mis au seuil de la colère, mais il s'était repris d'une façon dont il était assez fier.

— Cruauté mentale, bien, je prends note... Forcément je suis un monstre, puisque tout ce qu'on a de bien n'est que des vices déguisés... Mais j'ai compris !... J'ai compris !

Le lendemain de l'audience, il transporta tous les nains au salon, les disposa sur une étagère *ad hoc,* afin qu'ils ne souffrent pas du gel, et tondit le gazon une dernière fois.

Puis, sans attendre, il se mit à parfaire l'isolation des fenêtres et du toit, se plaisant à agrafer des matelas de laine de verre, et à boucher les plus minces interstices avec de longues seringues de mastic.

Téléphone laissé sur répondeur, boîte aux lettres vidée une seule fois par semaine, la paix fut royale. Ses seules défaites contre l'ennui consistèrent en un retour quotidien mais modéré du vin avec ses repas, et d'un téléviseur. L'alcool venait à point le réchauffer au moment où une sensation de froid, dans le silence de la cuisine, lui tombait sur l'échine ; quant au téléviseur, il ne faisait que confirmer, soir après soir, ce qu'il avait toujours pensé, au fond, du monde et des hommes.

Le poste éteint, il montait en soupirant à sa chambre à coucher (l'escalier couinait malgré tous ses efforts), et s'endormait du sommeil du juste.

Le creux de la vague fut franchi définitivement un jour de janvier où, voyant les enfants Rossi consolider leur bonhomme de neige au moyen d'un manche à balai, il songea enfin à couler le plâtre de ses moulages sur une armature de fil de fer. Et la grande famille réapparut toute primesautière le second dimanche d'avril, enrichie de trois bonshommes équipés d'arbalètes qui levaient la main droite. Plus loin, deux charbonniers alimentaient avec ferveur le brasero, la face comme rougie par le feu absent.

III

C'EST en passant la tondeuse, le matin du 18 juin, qu'il le découvrit, derrière le puits-compost, à côté de Tondinon tombé face contre terre, comme pour se voiler la face.

Ayant laissé la tondeuse au ralenti, il s'était approché, s'était penché, avait senti littéralement ses yeux gonfler dans leurs orbites.

Sa vue ne le trompait pas, il ne rêvait pas, le préservatif était bien réel, déroulé telle une longue limace blanchâtre, baveuse, monstrueuse sur le gazon.

Son premier réflexe fut de s'élancer dans l'inspection du jardin entier. L'absence de tout dégât parmi les nains ne le soulagea que brièvement. Revenu près de l'immondice, il remarqua que la pelouse laissait voir une place quelque peu foulée. L'ignominie n'était donc pas tombée du ciel, jetée du chemin par un malotru : on avait bel et bien traversé les noisetiers et enjambé les croisillons, puis on s'était bel et bien vautré là, on y avait baisé, on y avait forniqué, on y avait *piné* comme des pourceaux ignobles, puis on était reparti, en laissant sur son gazon cette infâme saloperie, cette infection, cette...

Debout au-dessus de la chose, la tondeuse continuant de pétarader dans son dos, Blochard sentait le vocabulaire se dérober face à l'exigence d'une telle obscénité, d'une telle injustice, et il s'étouffait de fureur, devant rappeler sa salive à grandes aspirations.

On pinait, on se sautait, on s'enfilait gaiement sur son gazon pendant qu'il dormait ! On laissait sa carte de visite engluée de tous les jus, de tous les virus possibles ! Et bonsoir monsieur, merci de nous avoir prêté votre jardin !...

Et rien ne se passait ! Ni vu ni connu ! Les saligauds rentraient paisiblement chez eux ! Et lui, pauvre imbécile qui payait ses hypothèques, qui s'éreintait pour que tout soit beau, propre, en ordre, il devait ramasser ! Se baisser et ramasser pire qu'une merde de chien ! Chez lui !

Son second réflexe le précipita au téléphone. Il tomba sur un appointé bonhomme, qui l'écouta sans impatience. D'ailleurs *il voyait ça d'ici* : des jeunes qui rentraient de la fête foraine, au bout de sa rue. Ils ne savaient pas trop où aller pour fricoter, tout d'un coup ils avaient vu un jardin pas trop éclairé, et hop !... Maintenant, avec tout ce qu'on leur disait comme quoi il fallait se couvrir, aux jeunes, on ne pouvait pas trop leur reprocher...

— Oui mais enfin je vous ferai remarquer qu'il y a violation de la propriété, et outrage à la...

— Vos croisillons, ça va chercher dans les huitante centimètres, comme hauteur, si je ne m'abuse. C'est de l'ornemental, ça. Parce que pour nous, une barrière, ce qui s'appelle une barrière...

— C'est noté, vous ne ferez rien...

— Du moment qu'il n'y a ni infraction, ni vol, ni dommage à la propriété, et comme les forains ne restent que trois jours...

— Trois jours ? Mais alors, ce soir...

— Alors là moi je dis : si vous avez peur qu'ils reviennent, vous n'avez qu'à arroser.

— Arroser ? Je ne vois pas...

— Ha ! ha ! Si c'est mouillé par terre, hein ? Mettez-vous à leur place !... Un bon coup de jet ce soir, vous êtes tranquille pour la nuit !

*
* *

La vue brouillée de larmes, Blochard avait dû s'y reprendre à trois fois pour saisir le préservatif, du bout de la pince à feu, et le transporter jusque dans la poubelle, dont il alla immédiatement porter le sac au container.

Mais lorsqu'il se fut lavé les mains et le visage à l'eau froide, éclaboussant la salle de bains, il se sentit beaucoup mieux, une joie étrange, vivifiante et sereine le gagnant de seconde en seconde, jusqu'à l'euphorie.

Comme à l'adoption de Tondinon. Comme en balançant les affaires de Madeline à la poste.

Et cette fois-ci la démonstration serait exemplaire. Définitive. D'avance, il ne regrettait rien.

*
* *

Maintenant la nuit est belle, le petit monde dort tranquillement sur le gazon tendre, à peine visible dans la lueur du réverbère municipal, et la musique lointaine des carrousels passe par instants dans l'air tiède. La nuit qu'il fallait, douce, faite pour l'amour, bien sûr...

Il est calme, il regarde les étoiles, fasciné par l'extraordinaire cohérence des choses. Quelle simplicité. Une vie toute tendue vers son but, longuement obscure il est vrai, mais se dressant ensuite vers son destin, sur une crête de plus en plus étroite, solitaire et haute. Rien ni personne ne le déroutera. Tout est en place, il n'y a plus qu'à laisser les choses se faire d'elles-mêmes.

Les derniers téléviseurs se sont tus, les fenêtres éteintes, les nains dorment, innocents et purs, dans l'attente de la rosée qui les rafraîchira. Comme il a eu raison de les aimer contre la méchanceté, le mensonge et la saleté du monde ! Les larmes lui reviennent jusqu'au bord des paupières à la pensée de l'injustice, du mépris, de la haine qui s'acharnent sur eux, si petits, si absolument paisibles, mais l'air est bon, il se reprend à lentes inspirations. D'ailleurs n'est-il pas là pour veiller sur eux ?

On ne leur fera plus injure impunément, à eux comme à lui-même. Il veille. Les saligauds peuvent revenir, maintenant il est là, invisible dans le jardin, aux aguets, le manche de la bêche bien en main. Qu'ils viennent, qu'ils se vautrent ! Il ne sera pas dit que Jean-Baptiste Blochard aura subi sans révolte l'empoisonnement de ses valeurs et la profanation de son sol. Les corps seront là pour témoigner. Et sa condamnation criera plus haut encore l'injustice du monde à son égard. Il l'entendra tête haute, froidement, sans un mot.

Il est parfaitement en paix avec lui-même, ivre de sérénité, au-delà de toute impatience. Si ce n'est pas cette nuit, c'en sera une autre. Mais il sera là, il en fait le serment.

LES OISILLONS

I

LA PREMIÈRE VEILLE fut une longue fête tranquille, avec des moments intenses d'exaltation et de plénitude.

Il avait oublié la douceur de rester simplement assis devant la nuit, dans la nuit, à regarder, à respirer la nuit, à en savourer la caresse apaisante sur sa peau, surtout lorsque s'élevait son pouls à l'idée de ce qui surgirait, tôt ou tard…

Ainsi perché au-dessus des choses dans la nuit douce et immobile, il s'est bientôt senti comme sur une sorte d'île préservée entre terre et ciel, la pensée de plus en plus vagabonde, les yeux levés sans cesse vers les étoiles, prêt à se laisser entraîner vers les grandes questions – mais il a reconnu assez tôt cette forme classique de l'« euphorie de la sentinelle », et su ranimer sa vigilance.

Vers onze heures, une fraîcheur à peine perceptible est venue sur les toits des *Oisillons* endormis en contrebas parmi les feuillages et rien n'a bougé, hors le chat Corminbœuf, puis, peu avant l'aube, quelques merles près du pavillon Bécherraz. Aucun passage de voiture ni de piéton sur le chemin des Étourneaux, pas un souffle, pas une ombre dans les jardins, les arbustes, les haies, le long des garages, aux abords des terrasses, pas même une ride à la surface de la piscine Schürch, dont l'eau réverbérait avec violence l'œil bleuâtre d'un candélabre public.

Bien sûr, l'entrebâillement de la porte-fenêtre chez Bovet n'a pas bougé non plus d'un centimètre, mais il faut laisser le temps au temps...

RAS, note-t-il donc à côté de la date, avant de tirer le rideau sur la lucarne (un mouvement des volets trahirait sa présence en ce galetas) et de s'allonger, les paupières un peu brûlantes, sur son lit de camp.

RAS, mais la partie ne fait que commencer. Quelle expérience, de toute façon, qui vaudra bien trois semaines de farniente stupide dans la fournaise des plages, avec Francine et les autres. À cette heure, sauf imprévu, ils devraient avoir dépassé Arezzo, peut-être même Pérouse. Merci la nuit à se suivre à quatre voitures sur l'autostrade encombrée de poids lourds et de chauffards. Merci l'arrivée hagarde, les reins en compote, merci la *Casina* mal isolée des Corminbœuf, merci la plage toujours un peu bitumeuse, les oursins, les méduses, les hordes germaniques, et toute cette fausse jovialité mercantile des pizzaioli, ah merci bien, il connaît, huit ans de suite il a déjà donné, il en rit tout seul sur son lit de camp.

Coup de génie, sa proposition de rester pour assurer la permanence. Dire qu'il a fallu plaider, insister, mettre le poing sur la table pour les convaincre, sûrs qu'il se sacrifiait ! Mais enfin vous ne voulez quand même pas qu'on fasse appel à *Securitas,* de quoi est-ce qu'on aurait l'air ? Et c'est une chose entendue entre Francine et moi : maintenant que les enfants vont de leur côté, les vacances c'est chacun pour soi. Le salut du couple, rien de moins... O le bon tour. Dire qu'ils vont se faire du souci pour lui, croire qu'il s'ennuiera, qu'il *perdra les nerfs,* alors qu'il est peut-être en train de vivre l'expérience la plus enrichissante de sa vie, et cela même s'il ne se passe rien...

La chose d'ailleurs ne risque guère d'arriver : l'année passée, le cambriolage de la mitoyenne du bout des Tourterelles ; cette année-ci, en mai, le voleur de tondeuse, en juin les petits voyous du bas qui se croyaient à l'abri pour fumer leur cochonnerie, puis le jeune avec son vélomoteur maquillé qu'on a quand même fini par serrer avec la jeep de Bécherraz, le *Réseau de surveillance mutuelle – Secteur 1* n'a pas chômé depuis sa création. Les gugusses de la Police municipale commencent même à la trouver saumâtre, la dernière fois le gros Zimmermann et son sous-fifre blondinet ne savaient plus où se mettre. Pas tout que de coller des amendes sur des pare-brise, leur criait Bécherraz, mais qu'est-ce qu'on deviendrait s'il fallait compter sur vous ? Si vous sortiez de temps en temps de votre bagnole, vous seriez peut-être plus efficaces, et ça vous ferait au moins de l'exercice !...

Juillet, mois des villas inoccupées, des jardins déserts, de l'insouciance générale, et il ne se passerait rien ?

D'abord il y aura les allées et venues suspectes, il s'agira de repérer parmi les passants de la journée les nouvelles têtes, noter les heures, les signalements, et concentrer la surveillance autour de la porte-fenêtre bien visible du chemin. De nuit – mais l'intrusion diurne n'est pas à exclure – il verra le passant innocent se changer soudain en ombre agile, sauter par-dessus la haie, glisser sur le gazon jusqu'à la terrasse. Et là, pas question de téléphoner au poste. Non mais sans blague. Avec un Walther PPK 9 mm Para, on n'est pas tout à fait démuni, n'est-ce pas. On peut voir venir...

Ce bruit de culasse qui se referme, il l'entend déjà sonner dans la nuit, net, inexorable, le monte-en-l'air en aura le souffle coupé, tétanisé de surprise et de peur... Et lui sera parfaitement calme et poli, d'autant plus impressionnant... Veuillez passer ces menottes, s'il vous plaît, et pas de faux gestes... Au pire il lâchera un coup de semonce au-dessus de sa tête, tant pis pour le plafond de Bovet... Et quand le type sera à plat ventre par terre, menotté, les mains sur la nuque, alors seulement il appellera le poste. Surtout ne pas oublier le si ça ne vous dérange pas trop de vous remuer jusqu'ici, ou est-ce qu'il faut encore que je vous le livre...

Il rit tout seul sur son lit de camp.

II

Une nouvelle nuit il a savouré le silence, plus sensible encore à la douceur de l'air, qui semblait flotter sur les feuillages et les toits comme l'haleine suspendue de l'été à son comble. Réunies comme sous l'aile protectrice de sa demeure (qui est sise deux mètres vingt-cinq plus haut sur la pente), les quatre villas individuelles des *Oisillons* semblaient dormir dans l'ombre paisible avec quelque chose de touchant, sœurs orphelines se serrant un peu, muettes, résignées en l'attente de leurs occupants. Et personne, de nouveau, n'a seulement passé sur le chemin des Étourneaux. Le chat gris a fait sa tournée à la même heure que la veille, il l'a suivi longtemps dans le faisceau de ces stupéfiantes jumelles de nuit américaines, véritable puits lumineux où il aime plonger à intervalles réguliers, du reste il a triché, il s'est laissé aspirer vers les étoiles, attrapant quelques avions, bien puni à la fin en se heurtant à la lune aussi brutale que le candélabre dans l'eau Schürch.

Personne, pas un bruit, pas un frémissement non plus du côté de la ferme du fou. Il est là, pourtant, pas de risque qu'on l'ignore, ayant passé l'après-midi à fraiser sa ferraille, torse nu devant sa grange, ne s'interrompant que pour allumer une Gauloise. Sa copine est sortie aussi lui apporter une Kronenbourg, au télescope il a pu voir même les gouttes de buée sur la bouteille. Drôles de gens. Sculpteur sur métaux de récupération, dit-il. Pourquoi pas, mais *Le Hameau des Oisillons* se passerait bien du voisinage de ses meules, ponceuses et autres, ainsi que du spectacle navrant de sa ferme, entourée d'une véritable décharge à plein ciel, où se distinguent à peine les œuvres finies des enchevêtrements rouillés. Il paraît pourtant qu'il est connu, raison probable pour laquelle il n'a pu être obtenu de la Municipalité qu'elle lui fasse cesser sa bruyante activité et remettre les lieux en état. Quant à savoir pourquoi il a refusé les offres du consortium, trois cent soixante francs le mètre... *Les Oisillons,* sans lui, compteraient deux villas individuelles de plus, et finiraient au bord du chemin des Tourterelles, de l'autre côté duquel sont alignées les deux rangées de mitoyennes, un peu plus bas sur la pente. Ce n'est pas qu'on se fréquenterait beaucoup plus de part et d'autre de ce chemin, maintenant déjà y règne même un certain mépris mutuel bien compréhensible, mais sans cette verrue eût dominé du moins une logique dans le paysage d'un versant sud réparti tout naturellement du résidentiel au subventionné, du beau au laid, du montré au caché, telle une impeccable denture. Le capharnaüm du fou est étalé là en somme à la façon d'une molaire incongrue, scandaleuse au milieu du sourire autrement parfait de l'ensemble...

Cette ferraille, ces délires échevelés, griffus, coupants, boursouflés, immondes... De surcroît mal embouché, l'artiste, hirsute, sentant la sueur et la limaille de fer, prétentieux, saluant à peine les gens. À se demander ce que lui trouve aussi sa jeune copine, qui n'est pourtant pas désagréable à regarder lorsqu'elle ôte son maillot pour bronzer, se croyant à l'abri dans l'herbe haute de leur bout de pré. Une infirmière, qui n'aurait qu'à se servir parmi les médecins de l'hôpital... Évidemment le créateur a refusé avec sarcasmes de participer à la surveillance du Secteur des individuelles, comme à celui des mitoyennes. L'art est au-dessus de ces choses, bien sûr, en sorte que sa bicoque, ouverte aux quatre vents, constitue en outre une zone à risque fâcheuse entre les deux dispositifs. Rien de plus légitime, par conséquent, qu'on la surveille malgré lui. Le hautain personnage en rabattra peut-être un peu le jour où on sauvera son dépôt du pillage, ne serait-ce que du chapardage de ses précieux outils...

Peu avant minuit, une modeste fusée de 1er Août, en avance de quinze jours, a sifflé tout en bas des mitoyennes ; à peine si la lueur bleue est montée jusqu'à sa hauteur, avant de s'effacer avec un petit craquement. Une seconde fusée lui a répliqué deux minutes après, légèrement plus

sonore, de l'autre côté de la ferme. Puis plus rien…
Il n'a jamais compris ce qui passait par la tête de
ces tireurs isolés qui, chaque année, ne peuvent
attendre la fête pour lancer leurs pétards.
Orgueilleux qui veulent le ciel pour eux seuls ?
Patriotes et fiers de l'être souhaitant se signaler à
leurs voisins, comme d'autres collent des vignettes
œcuméniques sur leur boîte aux lettres ou leur voiture ?

*
* *

À 1 h 56, brève alerte : un break Opel noir
inconnu a passé sur le chemin des Étourneaux, très
lentement, mais sans s'arrêter. Il a noté l'immatri-
culation et compulsé aussitôt l'annuaire des automobilistes. RAS. Un certain Alvarez Fernando,
installateur sanitaire, résidant au chemin des Tourterelles, qui avait dû se tromper d'entrée en quit-
tant la route principale. Vu l'heure, vu l'extrême
lenteur, une prise de sang n'eût pas été perdue. La
main sur le téléphone, il a cependant renoncé à
secouer les gugusses du poste : moins on verrait de
képis dans le secteur, meilleure serait la pêche…
Et il méprise ce genre de délation.

Puis il n'y a plus rien eu que le silence, le chemin désert, les jardins vides, les façades aveugles,
jusqu'au chant du merle.

III

Comme la veille, il écrit donc *RAS* dans son carnet de notes, puis ferme les rideaux.

Comme la veille, il dort sur son lit de camp jusqu'à midi, effectue quelques exercices de gymnastique et prend une douche. Puis, descendu à la cuisine aux stores baissés, la radio en sourdine, il mange des raviolis avec un sachet de parmesan moulu, le tout arrosé d'un verre de rosé *di Toscana.* L'Italie servie à domicile, au frais, à l'ombre, pendant que d'autres rôtissent en attendant leur tour devant *Da Mario,* lequel, chaque année plus triomphal et rubicond, se gêne moins avec les clients, laissant toute licence à ses pizzaioli. Ce qu'il peut y avoir d'agréable à se faire tutoyer, apostropher, lancer son *insalata mista* sous prétexte de jovialité méridionale, cela non plus ne l'a jamais compris. Phénomène de compensation inconsciente, peut-être, les gens ici se contraignant à de tels efforts de politesse et d'indifférence toute l'année qu'il leur faut leur bouffée de chaleur humaine, fût-elle intempestive. À relever cependant que les Italiens ont en la matière un certain chic non dénué d'humour, il veut bien le leur laisser, et même que *Da Mario* est un coupe-gorge assez inouï dans son genre, qu'il faut avoir connu. De là à y retourner inconditionnellement tous les jours trois semaines chaque année... Seul regret, ces tout petits cafés mousseux, âpres et suaves, faits pour être sifflés debout au bar avec une Gauloise bleue sans filtre en regardant les bateaux de pêche sortir du port, et on se retrouve alors avec un élan dans les veines, au ventre des appétits étranges, là il reconnaît, la langue lui en pique d'envie...

Comme la veille, il remonte ensuite au galetas, mais la surveillance de l'après-midi est moins soutenue, il se contente de jeter toutes les dix minutes un coup d'œil sur le chemin des Étourneaux, fait pivoter le télescope, s'arrête brièvement sur chaque villa : Bécherraz, Corminbœuf, Bovet, Schürch – Schürch, Bovet, Corminbœuf, Bécherraz... Enfin, comme il n'y a rien, il allonge jusqu'à la ferme du fou qui lui se démène toujours autant avec sa meule, dont la plainte exténuée monte jusqu'à lui. En costume de bain sous un pommier, sa copine repasse du linge sur une vieille table de bois. Ses seins bougent avantageusement dans le soutien-gorge, serrés par les bras qui s'activent sur le linge. Très belles épaules, aussi, les clavicules finement dessinées, émouvantes comme la branche prête à se rompre sous le poids des fruits – pendant que d'autres ont fait mille deux cents kilomètres pour se rincer l'œil, les benêts... Mais le bruit de la meule a cessé, le fou s'est allumé encore une de ses damnées Gauloises, il la fume en se dégourdissant les jambes, pisse au pied d'un arbre, le dos traversé d'une longue secousse tandis qu'il s'agite le goupillon. À l'aise, l'artiste ! Et tant pis pour les enfants qui pourraient passer !

Mais justement il ne passe personne.

Personne, ce qui s'appelle personne, depuis deux jours déjà sur le chemin.

C'est étonnant. Pour ne pas dire incompréhensible. Tous les habitants des *Oisillons* sont partis en vacances, il le sait bien, mais n'y a-t-il donc aucun jogger, aucun promeneur d'enfants ou de chien, aucun simple curieux, en quête d'idées pour sa propre maison, qui passe par ici ? Alors qu'on y jouit de la plus belle vue de la commune sur le lac et les Alpes ? Alors que le chemin des Étourneaux offre un revêtement parfait, entre des jardins couverts de fleurs, le tout dans un silence quasi religieux ?

Il aperçoit souvent des femmes avec des poussettes sur les Tourterelles, des jeunes en patins à roulettes, deux ou trois vieux, du monde, quoi, qui n'aurait qu'à tourner sur les Mésanges et revenir par les Étourneaux. Pourquoi préfère-t-on rebrousser chemin ? À cause de la légère montée ? La jalousie, plutôt ?... Qu'importe, après tout. On ne va pas se plaindre d'avoir la paix. Une telle solitude d'autre part, loin de rendre la surveillance superflue, ne va pas manquer d'attirer l'individu malintentionné, puis d'encourager sa visite délictueuse.

À moins que *Les Oisillons,* ainsi déserts, ne sentent au contraire le piège à trois cents mètres...

Et s'il ne venait personne ? S'il ne se passait rien ?

Allons allons, Chastellain, tu ne vas pas commencer à dérailler au bout de deux pauvres jours. Tu sais bien que les meilleurs pièges ne sont pas ceux qui fonctionnent le plus vite. Patience.

*
* *

Entre les phases d'observation, il reprend quelques numéros de *Commando,* retrouve l'article du colonel Dahu sur le conditionnement psychologique des combattants engagés dans des missions solitaires de longue durée, et comprend que ce qu'il ressent n'est qu'un premier symptôme du « stress latent de l'expectative », qui peut aboutir, si le soldat ne parvient pas à se détendre, à diverses formes dangereuses d'« autosuggestions récurrentes ». Alors, après une dernière inspection des *Oisillons* jusqu'aux mitoyennes, il se vote une heure entière de pause et descend dans l'abri anti-atomique.

Le spectacle des quarante-trois fusils alignés sur leur râtelier de chêne verni et des trente-cinq armes de poing exposées en face sur des panneaux tapissés de feutre vert impose en lui la sensation d'apaisement habituelle : cette aura mystérieuse des armes, leur pouvoir irrésistible d'évocation, leur présence sobre et formidable, tout ce qu'ignorera à jamais un profane comme Schürch, par exemple, persuadé que le connaisseur n'est qu'un sadique qui s'ignore, ne rêvant que meurtre et combat. Comme si le citoyen-soldat suisse, détenteur à domicile de son arme de guerre et de munitions, avait l'habitude de s'en servir pour descendre son sous-chef ou braquer des banques !

Lui d'autre part n'aime que les armes propres, les armes dignes : pas de grenades, de mines antipersonnel, de roquettes, d'obus, de lance-flammes comme ce collectionneur un peu fêlé qui s'était fait sauter avec sa villa, voilà quelques années ; ne le passionnent que les fusils et les pistolets, armes qui exigent un minimum de sang-froid et ne tuent pas à l'aveugle. La mitraillette, le fusil d'assaut même lui sont antipathiques en leur mécanique froide, sans personnalité. Aussi, comme toute collection qui se respecte se doit d'avoir un thème, un ordre rigoureux et une valeur historique, la sienne s'en tient-elle aux fusils, revolvers et pistolets distribués aux combattants de la Première et de la Seconde Guerre mondiale, chaque pièce en état de marche, accompagnée de sa munition, qu'il fabrique lui-même au besoin. Rien ne lui change mieux les idées, après une journée passée à se pencher sur des bouches plus ou moins avariées, que de s'asseoir à son établi d'armurier, d'y usiner de belles douilles de laiton, de les emplir de poudres choisies, d'y sertir les balles qu'il a fondues et pressées, de contempler enfin l'alignement parfait des cartouches flambant neuves au pied de l'arme. Il en oublie parfois l'heure des repas.

Or aujourd'hui, il n'a le temps que de contempler, l'index passant sur les crosses de bois sombre, mais c'est assez pour être entraîné dans le grand souffle de l'Histoire. Côte à côte, comme réconciliés, les antagonistes fameux racontent les campagnes qui ont secoué le monde, année après année, modèle après modèle. Dans le silence absolu de l'abri bétonné, il regarde Verdun, El-Alamein, Omaha Beach comme s'il y était, prend le Mauser, l'Enfield, le Garand entre ses mains, de plus en plus troublé comme d'habitude à la pensée du soldat qui a utilisé cette arme avant lui. Bien sûr qu'elle a tué, mais qu'est-ce que ça fait de sentir sa balle frapper l'autre de plein fouet, de le voir foudroyé, rigide sous l'impact, puis désarticulé, roulant informe dans la poussière ? Qu'est-ce que ça fait le cri de l'autre qui se tord ?... Probable qu'on recharge à toute vitesse pour le coup de grâce. Dans la tête, oui. Code d'honneur de la guerre, c'est comme ça... Des histoires comme il en a lu parfois, où des blessés sont à dessein laissés hurlants près des lignes ennemies, afin qu'à bout de nerfs leurs camarades s'exposent à les secourir, il a peine à y croire. Des SS, à la rigueur, ou des Japonais... Il épaule, ajuste soigneusement la tache plus claire du visage sous le casque. Il peut même espérer atteindre la bouche grande ouverte, faire entrer sa balle dans le cri affolant. Parce que lui en tout cas aurait su garder sa dignité, malgré les ordres. Le coup part, il n'y a plus qu'un casque renversé dans le silence...

Satisfait, il voudrait remettre l'Enfield brûlant au râtelier, mais voilà tout à coup qu'on est peut-être mort les doigts crispés à l'endroit exact où lui-même a les siens, qu'on a peut-être saigné, râlé, pleuré sur cette arme, pas proprement tué ni achevé, mais à demi déchiqueté par une grenade ou une mine, ou bien grillé à la bombe au phosphore, écrasé, gazé dans une fosse, loin de ses camarades, abandonné, crevant comme une bête, c'est curieux, il n'avait jamais encore vu les choses comme ça, ni avec une telle intensité. Les deux pieds arrachés... Les yeux pendant sur les joues, mais oui ça arrive... À nouveau il épaule, vise et tire sur l'Allemand surgi avec sa grenade à manche. Belle rapidité, mais le déclic du percuteur frappant à vide ne dissipe rien du malaise. Brusquement, il repose le fusil, décroche un Colt 45. Ah, vous voulez du sérieux ? Le cliquetis sourd des balles qu'il serre dans le magasin l'effraie et le réconforte à la fois. La culasse claque avec un bruit irrévocable. Balle dans le canon, cran de sûreté rabattu. C'est redevenu comme il aime. La foudre au bout de sa main. Calibre 11,43. La vie ou la mort. Il n'est plus question d'être jeune ou vieux, petit ou grand, on ne discute plus. Bien sûr qu'il ne tirera pas, mais c'est quand même la mort qu'il retient à fleur d'index, alors on ne discute pas. Veuillez passer ces menottes, monsieur... Son pouls lui bat dans les tempes, sa voix est un peu rauque, mais il reste très calme. D'autant plus total, plus formidable. Et maintenant à plat ventre les mains sur la nuque, connard, ou je t'explose la tête !

Le Colt qu'il pointe à deux mains, jambes écartées, genoux fléchis dans la position du FBI, ne bouge pas d'un millimètre... Après tout ce sera ce Colt qu'il prendra, plus dissuasif que le Walther PPK. Et en cas de grabuge, s'ils sont plusieurs...

Mais maintenant il faut filer d'ici. En vitesse, il emporte aussi un fusil Garand avec sa munition et sa lunette de visée. Sait-on jamais. Ça lui fera au moins de la compagnie.

IV

Il n'y a eu la nuit suivante que le chat et les deux fusées de 1er Août en avance.

Vers trois heures, sa bouteille de café déjà vide, il a été pris d'une torpeur que seule une douche froide prolongée a pu dissiper.

Pour garder les yeux ouverts, il s'est exercé aussi à démonter et remonter le plus vite possible ses armes dans l'obscurité, jusqu'à ce que ces gestes deviennent machinaux.

Chose agaçante, après huit ans pourtant d'abstinence, il a pensé sans cesse à fumer, une véritable idée fixe de Gauloise bleue sans filtre, à cause de l'artiste, bien sûr, dont le paquet bleu traîne en permanence parmi ses outils.

Peu avant l'aube, il a eu aussi un moment d'oppression étrange, manquant d'air, le cœur sur la langue. Alors il s'est couché, une demi-heure en avance sur l'horaire, mais le sommeil maintenant se refusait, tandis que sous ses yeux fermés passaient et repassaient d'immuables visions de façades, de toitures, de fenêtres toutes pareilles, toutes pareillement opaques, absurdes.

V

Durant la matinée du lendemain, deux appels téléphoniques l'arrachent à son sommeil.

Le gros Zimmermann, d'abord, souhaitant s'informer.

— Du nouveau, Secteur 1 ?

Et il faut répondre sans amertume, il faut écouter jusqu'au bout le ton jovial du chef de poste qui décrit le *calme plat* sur tout le territoire de la commune.

— Il y a juste la plage où ça bouge encore un peu du côté de la buvette-disco, mais on dirait que les cambrioleurs sont remontés cette année sur la Côte. Peut-être bien qu'ils ont senti quelque chose, ces marioles !

Francine un peu plus tard, sans doute parce qu'il lui a bien précisé de ne pas appeler entre six heures et midi. De mauvaise humeur, il ne cherche pourtant pas à abréger, la laisse bavarder... Alors tout est bien comme d'habitude, cette année encore, le bitume en moins, retenu au large par une digue flottante qu'ils viennent de construire. Philippe est allé à la pêche au gros, il a eu le mal de mer, mais il est rentré avec un thon de cinq livres, que Mario va préparer ce soir pour toute *l'équipe.*

— Tu as juste le temps d'arriver, si tu te ravises, glousse-t-elle.

Écervelée, la tête toujours dans les nuages, qui n'a même pas demandé s'il s'était passé quelque chose – parce que bien sûr, pour elle, tout n'arrive qu'aux autres. Enfin, elle a encore son sac à main... À part ça, on se retrouve tous les matins pour préparer les cours de la rentrée, elle-même crée avec Philippe des fiches d'anglais pour les 8e et de géo pour les 9e, Lise et Jean-Daniel élaborent de nouveaux ateliers sur *La Peau de Chagrin,* quant à Rose-Marie, elle met au point la prochaine campagne contre les restrictions budgétaires. Forcément, les Schürch se sentent un peu à l'écart, mais ça lui fait du bien, à lui, en tant que journaliste culturel, de se tenir au courant, et Vivianne en profite pour prendre un bronzage d'avance...

Une brève gaieté traverse son irritation. À quoi il a échappé ! Trois semaines avec cinq maîtres secondaires et un vibrion qui se prend pour Bernard Pivot, trois semaines à les entendre s'expliquer des choses du matin au soir, il avait oublié !... Leur a-t-il jamais fait un cours sur les difficultés de la médecine dentaire, lui ? Il les entend déjà le couper, hilares, péremptoires : obscur sadisme, encore une fois, du manipulateur de daviers et de fraises sans le prestige ni les responsabilités du véritable chirurgien, planque de luxe, honoraires obscènes, ah il les connaît, leurs aigreurs de petits propriétaires dyspeptiques, transparents à la moindre annonce de hausse du taux hypothécaire... D'ailleurs leurs villas ont cent vingt mètres carrés de moins que sa *maison,* elles sont moins bien situées, vue déjà prise en majeure partie par les mitoyennes, et surtout, hélas, qu'on l'admette à la fin, même si c'est triste pour *Les Oisillons,* elles sont ternes, elles sont plates, quelconques, suissaudes du ras de la terrasse jusqu'aux tuiles chocolat, elles sont horribles, il les a assez regardées pour le dire. Sorties du même moule parce que négociées âprement toutes les quatre ensemble par les vétilleux collègues, pendant que lui, Dieu merci, prenait sans chipoter le terrain du haut, et engageait son propre architecte. Pas étonnant qu'on lui envie sa vue imprenable, sa terrasse immense, son toit de vieille tuile vaudoise, ses encadrements de fenêtre en molasse, sa façade vieux rose insolente entre les blocs de granit apparents !

Pas étonnant non plus qu'il ne passe jamais personne sur le chemin des Étourneaux...

— Alors ils ne se font pas trop de souci, si je comprends bien...

— De souci pourquoi ?... Ah oui, il y a Jean-Daniel qui te demande de fermer sa porte-fenêtre s'il vient de l'orage. Tu y penseras ?...

D'abord il croit à une blague, mais ne parvient à rire que médiocrement. Et Francine insiste.

— C'est Lise, tu comprends, à cause de la moquette en laine de leur salon. Si elle prend la pluie, elle est fichue, alors à quarante-six francs le mètre...

Il en demeure sans voix, hésite à raccrocher, va lâcher enfin une injure, mais Francine le devance.

— Tu as des nouvelles des enfants ?

Enfin le vrai motif de l'appel.

— Non. Mais tu sais bien : pas de nouvelles bonnes nouvelles, alors pas besoin de me réveiller tous les deux jours...

*

* *

Et c'est pour ces minables minuscules fonctionnaires qu'il s'épuise.

Un peu de *mozzarella,* quelques *gelati* les orteils dans le sable chaud, pédagogie à plein jet toute la journée, et aux orties le Réseau, le plan, toute l'organisation !

Probable même que, le rosé aidant, en attendant le *prosciutto e melone* sous la tonnelle de Mario, on commence à se gausser déjà de l'imbécile resté là-bas, tapi dans son coin de galetas, qui consume ses vacances à veiller sur le vide en mangeant des boîtes de conserve. Il les voit d'ici, bronzés autour de la table, débraillés, toutes gibbosités et vergetures dehors, ils rient, ils applaudissent Schürch qui le compare, lui, Chastellain, avec tel échappé de clinique psychiatrique s'obstinant à pêcher dans une baignoire. Là-dessus Bécherraz tisse de subtils parallèles avec Dino Buzzati et son fameux *Désert des Tartares* – parce que lui aussi, Chastellain, a lu quelques bouquins, ils seraient même étonnés – puis Corminbœuf invente quelque calembour à rallonge, la coterie s'esclaffe, pétillante d'humour et de bonheur. D'ici quelques jours, il sera devenu le sujet de conversation récréatif entre chaque *atelier,* un soir Bovet lui concoctera un de ses canulars téléphoniques qui ont fait sa gloire, pendant que les autres, serrés autour de l'écouteur, se boucheront le nez jusqu'à l'asphyxie, après quoi on lui enverra par courrier exprès un entonnoir muni d'une jugulaire, et pour le retour ils auront préparé toute une mise en boîte, gags, chansons et croquis à la clé.

Mais qu'ils ne s'avisent pas de le déranger une seule fois encore avant leur retour : le cambrioleur alors il le laissera repartir ! Mieux, il pourrait même l'aider !... Ils le méritent. Tout le dit, à commencer par leurs tristes, leurs pauvres, leurs immondes villas. Infaillible, impitoyable, le télescope détecte les crépis grisâtres, les dalles de terrasse en vil ciment, les clôtures de faux bois sans portail, dissèque les embrasures de fenêtre minçolettes, les garnitures de toit en simple tôle cariée déjà de rouille. Que de lésine sous la fausse aisance, de frustration sous le luxe, d'angoisse au cœur même du confortable ! Ils souffrent, ça saute aux yeux, ils regrettent, ils n'ont pas, ils auraient bien voulu, mais il a fallu renoncer, trouver des compromis, choisir entre le portail d'entrée ornemental et la porte du garage, lâcher les dalles de granit pour le cabanon à outils préfabriqué, les fenêtres à jolis petits carreaux pour des voilages d'ailleurs mesquins – c'est bien fait, mais ils ne souffrent encore pas assez : le cambriolage magnifique, à l'italienne, déménageuse et tout le toutim, jusqu'à la cuvette des W.-C. descellée, voilà ce qu'ils méritent !

Leurs têtes en arrivant flapis déjà par le voyage, leurs cris de dépossédés devant la *razzia* ! Hein, *La Peau de Chagrin* ?... Il les regarde couple par couple gesticuler sur leur pelouse, courir d'une pièce à l'autre, hystériques, effondrés. Je suis désolé, moi, il fallait quand même bien que je dorme un peu, enfin j'aurai pu au moins les mettre en fuite avant qu'ils enlèvent tout... Lise Bovet n'a plus de souci à se faire pour sa moquette. Schürch livide crie qu'on lui a volé le manuscrit de sa pièce radiophonique, comme il a des copains il apparaît au téléjournal pour annoncer, sa petite figure humblement penchée, qu'il renonce à tout pourvu qu'on lui rende son œuvre, ou bien c'est Bécherraz qui pleure dans sa cave, affalé sur une caisse, devant les rayonnages où était rangée sa collection de bordeaux...

Il rit tout seul un long moment, se retrouve soudain plus déprimé encore qu'auparavant.

Il ne se passera rien. Pas même de quoi sauver la face. Il sera le magistral cocu de la fable.

VI

R AS toute la semaine suivante.

Le chat, deux ou trois voitures égarées, un unique et presque saugrenu jogger.

Les pétards chaque soir ont été plus bruyants ; il est visible que les lanceurs se sont mis à rivaliser de puissance, inclinant de surcroît leur tir au plus près possible de l'horizontale, comme s'ils cherchaient à faire éclater leur engin au-dessus de la villa de l'autre. Des copains, un pari stupide, Dieu sait. On en est à la belle fusée dont le sifflement furieux déchire la nuit, une traînée d'étincelles orange passe sur les toits des mitoyennes, s'arrête en lumière aveuglante, aussitôt suivie d'une déflagration qu'on entend rouler jusqu'au lac. Dieu sait ce que sera le bouquet final. Dangereux artificiers du dimanche. Qu'une de ces fusées entre par une fenêtre, et bonsoir l'incendie.

Jusqu'ici, il a renoncé à signaler la chose à Zimmermann : c'est l'affaire des mitoyennes.

Il continue à faire beau et chaud, sans le moindre orage.

VII

R A S. Une sorte de néant acharné, frénétique, surnaturel.

Il en a perdu l'envie même de descendre dans l'abri comme de nettoyer ses armes à côté de lui, et *Commando* lui tombe des mains. De plus en plus souvent, il va au salon regarder la télévision. Les programmes d'été sont d'une nullité encore plus soutenue que d'ordinaire, mais les séries américaines donnent un rythme à ses après-midi, il profite des pubs pour jeter un coup d'œil au-dehors, et les infos lui valent du moins de se rappeler le jour qu'il vit.

Par deux fois, peu avant l'aube, il s'est endormi quelques minutes, assis derrière les jumelles. C'est vexant, mais quelle importance, puisqu'il n'y a rien, absolument, strictement rien à signaler.

Il ne se laisse cependant pas aller : il ne se sera rien passé, soit, on se gaussera, soit, mais il n'aura pas failli à sa tâche. Irréprochable sur ce plan-là, il ne sera pas tout à fait ridicule.

Les larmes parfois lui montent quand même aux yeux : une semaine encore, et il faudra affronter la liesse triomphante des joyeux drilles. Il ferait peut-être mieux de partir en vacances lui-même une semaine ou deux dès leur arrivée. Un endroit très cher, en avion, pour les narguer...

Il a des brûlures d'estomac. Les boîtes, le café. Le vin peut-être aussi, dont il boit maintenant cinq verres par jour. Il oppose toutefois une volonté infaillible à ses envies de plus en plus fréquentes de fumer.

VIII

Le fou et sa compagne lui sont devenus moins antipathiques. Le bruit de la meule certes vient jusqu'à lui, mais les autres sont placés pour en souffrir de plus près, leurs fenêtres sud donnant de surcroît en plein sur la ferraille. Il n'est pas étonnant non plus, mais bien plutôt à son honneur, que l'artiste ne daigne pas saluer un Schürch, un Bécherraz ou un Corminbœuf – Bovet à la limite, resté très nature dans sa médiocrité, mais il demeure impossible d'imaginer la décontractée infirmière causer moquette ou « français renouvelé » avec Lise. Saluerait-il tout ce beau monde, lui, Chastellain, s'il n'avait, avec sa femme, épousé la salle des maîtres, et ne s'était pas laissé embobiner dans cette idiotie de « quartier des amis », dérivé douillet des communautés soixante-huitardes ? Quant aux œuvres du monsieur, à

défaut d'être belles, elles sont originales, auda-
cieuses, faites évidemment pour déranger un voisinage de petits-bourgeois agrippés aux valeurs
sûres.

Assurément il entre beaucoup de patience, de
volonté, de courage dans la folie du personnage,
qui n'a pas cessé d'assembler et de souder en plein
soleil, ruisselant de sueur sous son masque de protection. Comme la statue s'élève maintenant à près
de deux mètres cinquante, il a dû bâtir autour
d'elle une manière d'échafaudage sur lequel il
prend appui pour hisser les pièces les plus lourdes,
parmi lesquelles il a pu reconnaître au passage des
éléments de machines agricoles. Une idée fixe, une
passion qui méritent le respect, peu importe le
résultat, qu'il lui tarde cependant de découvrir.

Car il se pourrait bien qu'il l'achète, cette statue. Pour le hall d'entrée de son cabinet, à la place
des gommiers, ou même pour son jardin. La gueule
que ça aurait, à l'angle de la terrasse, bien en vue,
sur un socle de marbre rose !

Oui, à moins qu'elle ne lui déplaise foncièrement, il va l'acheter. Il paiera le prix qu'il faudra,
sans discuter. Et il invitera l'artiste et sa compagne
chez Girardet pour fêter ça, royalement !

IX

L'IDÉE des rondes lui est venue le lendemain vers minuit, tiré d'une nouvelle somnolence
par l'explosion des fusées.

D'abord, rageusement, il a décidé d'aller acheter un paquet de Gauloises au bistrot de la gare : à
circonstances exceptionnelles, mesures exceptionnelles ; fumer un peu soutiendrait sa vigilance ; le
paquet ferait les six derniers jours, il n'en rachète-
rait pas ensuite.

Seulement il n'était pas question de sortir sans
précautions ; alors il a bouclé sa ceinture de combat avec le Colt 45, les menottes et la torche électrique, invisibles sous sa veste de toile ; il irait
ainsi à pied jusqu'au bistrot, et jetterait un coup
d'œil en revenant par les jardins. D'une pierre
deux coups. Bon sang, pourquoi n'y a-t-il pas
pensé plus tôt ?

*
* *

Il descend sans allumer, sort par la porte de l'annexe, traverse son jardin, s'arrête derrière un arbrisseau. Personne sur le chemin. Il s'y engage néanmoins sur le qui-vive, rasant les haies, prêt à s'y enfoncer à la première apparition.

L'air est bon, le silence léger. Après quelques minutes de marche, il se sent revivre, la poitrine serrée d'une angoisse délicieuse, qui atteint à une sorte de griserie lorsqu'il traverse la terrasse du café.

Comme toujours, on ne le remarque pas, mais cette indifférence maintenant lui coule une sensation envoûtante de légèreté et de paix. Il est là, quinquagénaire anodin, rassurant, et personne ne se doute qu'il porte un Colt 45 chargé à la ceinture, personne ne se doute que l'ombre qui lui passe à côté est plus chargée de puissance qu'un orage prêt à lâcher sa foudre...

Il marche lentement, frôle des épaules. Des jeunes surtout, quelques couples, un groupe de motards. Le garçon va et vient avec des bières sur son plateau. Une lumière tamisée tombe des marronniers sur les tables. Pas de musique. L'ambiance est au romantisme susurrant, à la philosophie ou à la cuite silencieuse. La paix règne, mais les quatre motards, juste à côté du distributeur de cigarettes, ont l'air d'attendre l'occasion d'en découdre. Épais, renfrognés, les poignets serrés dans des bracelets de force, leurs gilets de cuir constellés de quincaillerie. Mais qu'ils essaient seulement de l'empêcher de se servir...

Ils n'essaient pas.

L'un d'eux déplace même un peu sa chaise pour lui faciliter l'accès à l'automate... Il prend son temps pour introduire la monnaie, ouvre son paquet, ose même prendre d'autorité un briquet sur leur table pour allumer sa cigarette.

— Gardez-le, je vous en prie, grommelle l'un d'eux, l'œil aviné et lourd de menace.

Mais pas la moindre tentative d'agression... Comme si le loubard, plus averti que les autres, avait *senti* le 45 irradiant sous la veste du pas si anodin quinquagénaire, communiquant quelque chose de sa force calme et formidable à ses gestes, à son silence (il empoche le briquet sans même remercier), à son regard qui doit être froid comme l'acier bleu du Colt...

Il repart, un peu étourdi tout de même de son coup d'audace, l'équilibre troublé aussi par la fumée. Les premières bouffées le font tousser en dedans, mais la Gauloise à sa moitié est déjà délectable. Avec peine, il renonce à s'attabler devant une bière bien fraîche, s'enfonce dans la nuit. Sauf le loubard, personne ne s'est douté de rien. Il a passé parmi eux comme un fauve secret. Pacifique, mais terriblement dangereux.

Le grand frisson des armes. Ah non, il ne regrettera rien.

*

* *

L'inspection des jardins lui procure des émotions tout aussi vives, et plus durables. Évitant les zones claires, il se faufile entre les arbustes, s'accroupit, écoute, attend, se déplace, mobile, invisible, prêt à surprendre. Il est calme, mais il sent son pouls battre avec une sorte de gravité dans ses veines. De temps à autre, il prend le Colt pour le seul plaisir de le sentir glisser de son étui de cuir, puis peser au bout de son bras, lorsqu'il pénètre dans un angle mort, ou contourne une haie. Il arrive aussi qu'il se fasse peur, imaginant des présences dans son dos ; d'abord il s'est retourné, prêt à ouvrir le feu, puis s'est habitué à hausser les épaules jusqu'à ce que le picotement disparaisse. Excellent exercice de maîtrise de soi.

Rien à signaler chez Schürch, rien chez Bécherraz, rien chez Corminbœuf, rien chez Bovet.

Il fait le tour de son propre jardin, s'arrête, fume une seconde Gauloise, la braise masquée au creux de sa main. Aucune envie de s'enfermer à nouveau derrière les jumelles. Deux heures dix. La porte-fenêtre entrouverte chez Bovet se détache nettement dans la lueur du candélabre public.

Personne sur le chemin, le silence absolu. Il n'hésite plus.

*
* *

Il a traversé la haie, s'est glissé le long des framboisiers jusqu'à la terrasse. Facile, le cas échéant, d'inventer un prétexte… Le battant cède sans bruit. Il est dedans. L'émotion maintenant le fait trembler sur ses jambes. Respirer. Remettre le battant et le rideau en place. Se repérer. La torche éclaire le living qu'il connaît bien. Rapidement, il visite le coin à manger, la cuisine, les toilettes, descend à la cave, monte à l'étage, ouvre les chambres, monte encore jusqu'aux combles. Sur chaque seuil, avant de braquer sa torche dans l'obscurité lourde, il s'est senti frémir jusqu'à la moelle avec une intensité voisine à la fois de la volupté et de la douleur. Attention, en cas d'intervention, le plaisir pourrait lui faire commettre une grave erreur... Mais RAS, personne nulle part, pas la moindre trace suspecte, tout soigneusement rangé pour le retour. Son cœur a repris peu à peu son rythme normal. Revenu dans le living, il remet le Colt à sa ceinture, se laisse tomber dans un fauteuil.

Personne ne sait où il est, personne jamais ne le saura, et jamais il ne s'est senti si présent, si vivant que dans cette nuit. Seul au monde, tout-puissant. Totalement libre...

Il faudrait rentrer, mais l'idée seule de reprendre l'affût, après tant de délices dans l'action, lui est insupportable.

Le faisceau étroit de la torche passe lentement sur les meubles, les bibelots, la précieuse moquette. Rien de plus banal que ce salon – cheminée vitrée avec peau de mouton, photos et bricolages d'enfants sur le linteau, ensemble canapé-fauteuils de série orientés sur le gros téléviseur, table basse transparente, bibliothèque de sapin clair, reproductions de Van Gogh – et la lumière crue, concentrée, impitoyable comme une lame de scalpel, en accuse la platitude au point qu'elle devient passionnante, presque fantastique... Ce stupide pouf ramené d'Égypte en même temps que la photo de Lise devant un chameau, qui trône sur la cheminée, cette prétentieuse vitrine de trophées sportifs, ces albums de famille parmi les beaux livres de peinture. Oui, c'est passionnant. Dans les tiroirs du secrétaire, tous ces trésors maniaquement rangés, argenterie, boutons de manchettes, vieilles montres, bagues, piécettes d'or pour chaque enfant. Tout en haut de l'armoire de la chambre à coucher, derrière une pile de draps, cinq ou six cassettes vidéo pornographiques, un tube de gel entamé et un petit martinet de cuir noir, dont le manche est au moins à double emploi. Besoin d'adjuvants, les Bovet ? Mais bien sûr c'est lui, Chastellain, le sadique qui s'ignore...

Avec une exclamation de joie, dans les combles il trouve aussi, suspendue au fond d'un placard, une carabine à air comprimé avec sa boîte de plombs – l'arme du pauvre type par excellence. Voilà donc d'où venaient ces claquements étouffés ! Et ces cadavres de corbeaux mystérieusement tombés dans les haies ! Une minute lui suffit pour dérégler le dispositif de visée de façon invisible mais irrémédiable. La tête de Bovet quand il n'arrivera plus à tuer le moindre oiseau !

La pharmacie aussi lui en apprend de plaisantes, de misérables, de suavement inquiétantes.

*
* *

Il rit tout seul sur son lit de camp. Moral au beau fixe, comme le temps. Qu'ils rentrent, qu'ils rient, maintenant il les tient. Il aura une façon de les regarder quand ils essaieront de se payer sa tête qui les fera cesser tout de suite...

Et d'ici là, il ne s'ennuiera plus une minute – parce que maintenant il peut l'admettre : il s'est ennuyé, ces deux dernières semaines, de façon faramineuse, morfondu, pelé, emmerdé comme jamais personne au monde ne l'a peut-être fait pendant ses vacances, mais ça ne fait rien, il a les clés, demain il ira visiter Schürch. Celui-là, il en salive d'avance... Puis ce sera le tour de Bécherraz, de Corminbœuf, de Bovet à nouveau, mais plus méticuleusement, cette fois-ci, professionnellement.

Une maison par nuit, jusqu'à leur retour...

X

LE TÉLESCOPE à quatre focales fixes ne lui permet hélas de regarder la statue enfin débarrassée de son échafaudage que de trop loin ou de trop près, si bien qu'entre la silhouette lointaine et les gros plans, il demeure impossible de savoir ce qu'elle représente. Ne se révèle pour l'heure qu'une sorte de jaillissement recourbé en lame de faux vers le haut, comme un oiseau gigantesque, peut-être, qui s'abat, ou plutôt vient de s'abattre sur sa proie, pour autant que ces gerbes de fers à béton figurent bien des ailes repliées. Mais ce pourrait être aussi une flamme, un arbre, une femme, ou rien du tout...

L'image de l'oiseau de proie cependant s'impose d'heure en heure. Il aime bien ce soc de charrue étincelant, incurvé en bec meurtrier, de même que ces couteaux de motofaucheuse érigés en crête du sommet de la tête jusqu'à la queue. En revanche, il ne comprend toujours pas cette absence de véritables ailes, ces fers à béton qu'il aurait suffi d'écarter davantage du corps et de laisser plus longs, et que l'artiste a pourtant sectionnés au chalumeau...

Un nom étrange lui est venu, resurgi il ne sait d'où, inspiré aussi par l'aspect hérissé de l'oiseau : « L'Archéoptéryx. » Ce nom gravé dans le socle en marbre au coin de la terrasse, l'oiseau de métal prêt à fondre sur quelque moineau plus bas, ce sera fantastique...

Belle personnalité, l'artiste, étrangement proche de la sienne, à croire que s'est opérée une sorte de transmission de pensée, l'œuvre comme dictée à distance par lui, Chastellain, l'Archéoptéryx tombant sur les oisillons comme la vengeance céleste qu'il ruminait depuis le début, outré de l'embourgeoisement lamentable du lieu !

À moins que l'artiste ne se soit figuré luimême à travers cet oiseau d'un autre monde, d'un autre âge, furieux, redoutable, mais incapable de s'envoler, ce qui expliquerait les ailes tronquées ?

Qu'importe, après tout. Le moment viendra bientôt où il déplacera sa statue, enfin visible alors sous tous les angles : l'acharnement avec lequel il y travaille, fraisant, ponçant les soudures sans plus prendre le temps même de fumer – lui ne peut guère en dire autant – annonce une fin imminente.

XI

Il n'a retrouvé la nuit suivante que partiellement la tension délicieuse des rondes à travers les jardins, trop conscient peut-être qu'elles ne servaient qu'à lui faire prendre l'air.

Plus que cinq jours...

La visite de la villa Schürch, d'autre part, où il n'était jamais entré plus avant que dans le hall, a été amusante au début, à cause du bureau, situé comme celui de Bovet sous les combles, la table exactement à la même place sous le velux, mais surtout il a ri de la collection de portraits du héros, en écolier, en footballeur à longs cheveux, jouant de la guitare, en Che Guevara, en lieutenant d'infanterie, embrassant Viviane à l'église, promenant une plume Montblanc sur un manuscrit, sautant dans sa lilliputienne piscine...

Puis il est allé de déception en déception. Du personnage aux airs toujours caustiques ou avertis, il attendait plus d'exigence dans le mobilier, de singularité, voire de perversion dans les goûts. Mais rien, ou alors de douteux traits d'humour, tels ce « POUSSEZ » à l'intérieur de la porte des toilettes, ou cette photographie d'Américaine obèse sur le frigo, à l'intention bien sûr de la malheureuse Vivianne. Un grand gamin inoffensif, ce Schürch. La bibliothèque du salon est assez vaste, pleine de volumes de La Pléiade, mais les Gaston Lagaffe, Tintin et autres bandes dessinées empruntées aux enfants encombrent la table de nuit. Vu le cendrier plein de mégots à la salle de jeux, il est clair aussi que papa consacre beaucoup de temps à leur circuit de petites voitures électriques. Madame est abonnée à « Marie-Claire » et à « Gala », dont les mots croisés sont incomplètement remplis.

Néant à la cave, spécimen parfait de débarras helvétique avec skis, vélos tout-terrain, réserves de guerre, housses à habits, ustensiles de cuisine trop sophistiqués pour être utilisables, quelques cartons de vin, effets militaires dans une caisse. Le Sig d'ordonnance est entretenu à la limite de l'acceptable. Un peu de poussière saupoudrée par l'éjecteur de douille sera du plus bel effet à la prochaine inspection… Néant à la salle de bains, à la chambre à coucher dépourvue même de miroir, néant dans les classeurs, dans les fichiers de l'ordinateur, dans la comptabilité on ne saurait plus raisonnable, néant partout.

D'ennui, il a faussé quelques chiffres dans la déclaration d'impôts, fait disparaître un dossier intitulé « Théâtre complet ». Les manuels disent assez qu'il faut toujours faire des sauvegardes.

*
*   *

La déception touche au dépit mêlé de stupeur chez Corminbœuf puis Bécherraz, dont les logis ressemblent tellement aux deux autres qu'il les confond déjà tous les quatre.

Ne lui reste que le souvenir précis de cette bouteille de Mouton-Cadet 85 saisie chez Bécherraz, pour le punir d'avoir prétendu qu'il n'en possédait plus, et d'un de ces bocaux de morilles séchées que Corminbœuf lui avait montrés un jour, laissant entendre qu'il ne les offrait *qu'aux amis*. Tout le reste, mobilier, livres, tapis, lambris, reproductions de tableaux, plantes vertes, habits, factures, parfums, albums Fotolabo, étagères IKEA, calendriers CFF, contenus de frigo, jouets, literies, médicaments même, se dissout dans la masse informe des objets convenus, sans recherche, à l'image des façades et des jardins.

Mais bon sang où est la passion, la démesure, le risque ? Que reste-t-il de la grande révolte généreuse contre le « système » ? Jalouse petite collection de bordeaux ou de cartes postales, pornographie penaude, rêves courts sur catalogues annotés, plans de récriminations syndicales, pas la moindre folie, ce qui s'appelle une folie, comme celle qu'il va faire en payant rubis sur l'ongle sa statue... À croire que ces gens sont, hommes et femmes, complètement interchangeables. Espèces d'échantillons pris au hasard, de fonctionnaires de l'existence... Au fond ils ne sont pas à mépriser, mais à plaindre...

Ce qu'il se sent bien, lui, d'être différent, de s'être toujours senti exclu de leur petit clan, bassement critiqué et envié !

D'ailleurs Francine ne leur ressemble pas non plus, trop bonne, beaucoup trop bonne pour se rendre compte de l'offrande qu'elle leur fait de son amitié... Dire que, sitôt qu'elle a le dos tourné, ces trois jacasses passent leur temps à la plaindre hypocritement, persuadées qu'elle n'est pas heureuse avec lui, qu'il ne s'intéresse jamais à ce qu'elle fait, qu'il ne lui fait plus l'amour, il le sait, il les a écoutées derrière la haie Corminbœuf alors qu'elles déchiquetaient leur voisine, collègue et amie la bouche pleine de gâteaux secs...

Vivement qu'elle revienne. Sa candeur commence à lui manquer. Les enfants aussi...

*
* *

Pas de cambrioleur, soit, nul événement, on se gaussera jusqu'à Noël, bon, mais l'expérience l'aura comblé au-delà de son espérance. Ils peuvent revenir, maintenant, il les attend en toute sérénité. Il ne fera rien, il ne leur dira rien. RAS.

Deux ou trois jours de repos pour Francine, le temps de battre le rappel des enfants, de choisir une destination, et départ. En famille, pour se laver de tout ça.

Le goût du sel sur les lèvres. Les poissons de toutes les couleurs qui grésillent quand on les arrose de citron. Les petits cafés-bombes sifflés debout avec une Gauloise en déchiffrant le *Corriere*

della Sera. Traîner dans la rue des touristes, en san-
dalettes, la chemise hors du short, heureux et con
comme un touriste. Offrir quelques chiffons à ces
dames, ça leur fait tellement plaisir. Prendre une
leçon de plongée avec François et le petit copain de
Sophie. Attraper un coup de soleil, pendant qu'on
y est, pourquoi pas... L'amour pendant la sieste,
derrière les persiennes. Se retrouver le soir avec des
gens, des Allemands, des Français, causer de
n'importe quoi. Jouer aux cartes, rigoler, s'en
foutre.

Être bien...

Et puis un beau matin, du haut de sa terrasse,
l'Archéoptéryx leur tombera sur le coin de la
figure, et tout sera dit.

XII

NE DAIGNANT plus jeter un seul coup d'œil sur les villas (mais qu'on les pille, qu'on les évide jusqu'à la dalle de l'abri antiatomique !), il a passé ces derniers après-midi à observer le sculpteur, qui achève de polir la statue au papier de verre, donnant parfois un coup de pince ou de marteau, toujours en nage et s'écorchant les doigts.

Puis il y a eu ce moment où, ayant appelé sa compagne et la tenant par l'épaule, il s'est arrêté pour regarder longuement son œuvre, des larmes, il en est presque sûr, coulant avec la sueur dans sa barbe. La jeune femme était émue aussi, l'ébouriffant davantage encore de la main et hochant sans cesse la tête. Ils ne disaient rien.

Pour ne pas troubler leur intimité, il a remis à plus tard le moment de se porter acquéreur. Il n'aurait peut-être pas dû. Car le soir même, deux amis étaient là pour aider l'artiste à ranger sa statue à l'intérieur de la grange et à aucun instant il n'a pu apercevoir l'oiseau de face.

Simple contretemps, s'est-il consolé : le lendemain, muni de son chéquier, il irait heurter poliment à la ferme, et demanderait à visiter l'atelier.

Et puis, en cette aube de 1er Août, ce bruit de moteur qui l'éveille en sursaut. Il se précipite, arrive à sa lucarne juste à temps pour voir le vieux bus VW jaune de l'artiste disparaître au coin des Étourneaux.

Sa statue qui lui file sous le nez, vendue, livrée déjà !

Avec peine, il finit par se rassurer en songeant que l'artiste n'a pu la charger dans ce petit bus, et qu'à la fin de son pénible travail il prend simplement, comme tout le monde, quelques jours de repos.

*

*   *

N'empêche, c'est un sale coup. Il ne s'est pas rendormi, et l'après-midi, dans ce désert maintenant total, a été interminable.

Pour se distraire, il est descendu dans l'abri, a usiné des douilles, démonté quelques armes, mais le cœur n'y était plus.

Fatigué de tout ça. Écœuré des rondes, des villas, des gens qui y habitent autant que des sticks de merlu et des boîtes.

Ah oui, vivement qu'elle revienne, qu'il puisse à son tour prendre du champ.

*
* *

Il y a eu ces derniers soirs comme une trêve dans la surenchère entre les subtils artificiers des mitoyennes, soucieux sans doute de ménager leurs effets pour la fête. Et en effet, une suite de déflagrations énormes se fait soudain entendre sur la gauche, toutes proches, entrecoupées de sifflements et de lueurs aveuglantes. À quoi réplique peu après une salve tout aussi forcenée. Des chiens se sont mis à hurler à la mort, et, plus loin, d'autres tirs commencent, comme excités par ce signal.

Il ne s'est pas même levé pour regarder. Ils peuvent flamber, ces *Oisillons,* sa maison à lui, plus haut, ne risque rien !

Le second paquet de Gauloises est presque vide. La bouteille de whisky à demi.

Ce n'est pas qu'il regrette, qu'il trouve négatif le bilan, bien au contraire : il a appris à se connaître, il a testé ses limites, il a vécu des choses inoubliables, et même, à certains égards, héroïques. Rien de plus dur pour les nerfs que l'affût dans la solitude, le colonel Dahu le dit assez : « stress latent de l'expectative », « risques d'autosuggestions récurrentes », tout le monde n'aurait pas tenu trois semaines. Maintenant la vie va reprendre son cours habituel, et tout est bien.

D'où vient alors ce sentiment de défaite, cette tristesse noire dans laquelle il plonge d'heure en heure sans parvenir à remonter ?

Faut-il admettre, aussi absurde que cela puisse paraître, qu'il n'arrive pas à digérer la frustration de sa statue ? Que le consterne l'absurdité d'avoir tout visité, tout fouillé et retourné autour de lui sauf l'endroit unique qui présentait un intérêt ?

Il s'est redressé sur son lit de camp, est parti d'un éclat de rire presque douloureux. Au creux du désespoir, l'illumination, le coup de génie pour finir en beauté !

XIII

TOUT DE SUITE, c'est grandiose, le ciel
traversé, vibrant, tonnant de toutes parts en gerbes
luminescentes.

La ceinture de combat est lourde à ses hanches,
tirée encore par l'arrache-clou qui bat sa cuisse
gauche. Dans l'air moite, il court d'un arbuste à
l'autre, traverse la zone des gazons, pénètre plié en
deux dans l'herbe haute. Son cœur bat la chamade.
Maintenant c'est du sérieux… Il va commettre une
effraction. Effraction il y aura eu… Pour la bonne
cause, mais il sera le seul à le savoir. Effraction pour
l'amour de l'art. Il sera l'homme qui a pris des
risques, qui a engagé une opération de commando
pour contempler une statue que de toute façon il
paiera plus tard, sans discuter le prix. Invitation
chez Girardet à la clé… Et là, peut-être, il avouera.
Quel plus beau compliment à un artiste ?

Géant. Il aura vécu ce moment géant...

Mais d'abord se calmer, reprendre haleine... Il fait le tour de la ferme, trébuchant sur le sol inégal, se retrouve devant l'atelier. Le grand moment. À tâtons, il introduit l'extrémité de l'arrache-clou entre la porte et le chambranle, tire de toutes ses forces. Le bois vermoulu gémit, se tord comme une vieille gencive, mais ne cède pas. La sueur lui dégouline dans les yeux. Il essaie dans l'autre sens, ressort, attaque l'interstice plus près de la serrure. Au premier effort répond cette fois-ci le craquement profond de racine à bout de forces qui ne trompe pas.

Géant...

Il enverra cinq cents francs dans une enveloppe anonyme, pour les dégâts. La classe. On ne mégote pas le plus beau soir de sa vie...

*
* *

Il n'y a pas eu de sommations.

Ou alors il y a eu des sommations, mais il ne les a pas entendues.

La rafale le pétrifie. Fusil d'assaut. On est en train de lui tirer dessus au fusil d'assaut par courtes rafales, il aperçoit les flammes de bouche qui tressautent dans un bosquet. Il n'a pas songé encore à bouger, toujours accroupi devant la porte, l'arrache-clou à la main. Il s'étonne seulement de ne sentir aucune balle le frapper, ce qui ne saurait tarder.

Arrive enfin la panique. Il crie, il hurle, mais les rafales continuent. Il se relève, veut courir, s'étale aussitôt face contre terre, crie de nouveau.

On tire, on tire encore, les balles sifflent au-dessus de sa tête.

Alors il dégaine le 45 si vite qu'il lui échappe des mains, il le cherche dans l'herbe, s'empêtre dans le cran de sûreté, parvient enfin à l'armer.

À deux mains, il tire, il tire à toute vitesse vers le bosquet, assourdi, aveuglé, il vide son magasin.

Et maintenant il court de toutes ses forces, il ne sait même plus si on continue de tirer derrière lui, il court, il saute les barrières, s'érafle en traversant les haies, manque s'assommer avec sa porte d'entrée.

*

*   *

Il est dans sa salle de bains.

Vivant, indemne, c'est tout ce qui compte. Il a couru si vite qu'il s'est souillé sans même s'en apercevoir. « Diarrhée explosive du combattant », rien de grave. Il ne sera ni le premier ni le dernier. Et voilà que le reste sort par l'autre bout. Rien de grave. Il est vivant.

Ne reste qu'à attendre pour savoir s'il a touché l'autre...

Il arrangerait son cas en téléphonant tout de suite au poste, en allant au moins voir sur place s'il peut encore prêter secours, mais il n'arrive plus à décider quoi que ce soit, assis sur les toilettes, à demi-vautré sur le lavabo.

Vivant, c'est tout ce qui compte.

*
* *

Pas de sirènes, pas même un appel de Zimmermann jusqu'à l'aube.

Rien le matin.

Aucune trace de corps près du bosquet, sondé centimètre par centimètre au télescope pleine puissance. Ses douilles en revanche brillent dans la cour de la ferme.

Discrètement, il va les ramasser. L'autre a déjà fait de même avec les siennes dans le bosquet, où quelques branches basses sont rompues, mais impossible de situer la place exacte occupée par le tireur qui devait être couché sur le ventre, sans quoi ses balles à lui ne l'auraient certainement pas manqué...

Il fait beau, les oiseaux chantent, les petites maisons sont paisibles, immuables parmi les balançoires, les arbustes, les étendages couverts de linge du côté des Tourterelles.

Au fond il ne s'est rien passé.

Le surveillant du Réseau des mitoyennes, sûrement, qui l'a pris pour un cambrioleur, et qui, sur les nerfs, lui a tiré dessus comme un malade – et comme le dernier des maladroits : pas même un impact de ses balles sur la façade ou la toiture de la ferme. Il est vrai que de nuit, avec le recul de l'arme...

Quand même, avec tout ce qui s'est tiré cette nuit... Des rafales de fusil d'assaut... M 16 ou Kalachnikov AK 47, les armureries en sont pleines... Et puis son magasin entier de Colt 45...

Calibre 11,43, balles blindées haute vitesse... À cent mètres des mitoyennes aux jardins pleins d'enfants avec leurs vésuves, leurs lampions...

Mais alors tu existes, Dieu, tu es là, tu nous aimes ?

Mais rien. Il ne s'est rien passé. On pense à autre chose, comme après ce piéton qu'on a failli écraser. On lève le pied et on oublie.

Il fait beau, les oiseaux chantent, Francine et les amis vont arriver en fin d'après-midi. Il est encore un peu secoué, il doit se dépêcher de rentrer, le boyau pas encore d'aplomb, mais il fera bonne figure. Un grand plat de spaghettis aux tomates pour les accueillir, et il va mettre le rosé au frais...

*
* *

Pour la statue, on verra. Les gommiers vont très bien dans le hall du cabinet. Quant à la terrasse, un gril s'accorderait peut-être mieux avec le caractère convivial de sa maison. Un de ces beaux grils de jardin, comme celui de Bécherraz, mais en plus chic. En granit, par exemple, avec une cheminée de cuivre, des reposoirs latéraux pour les plats, et dessous une jolie niche à bois en brique rose.

UNE PINTE
DE BON SANG

COMME il était arrivé très en retard, ayant manqué l'appel général et les présentations en classe, il a fallu attendre la pause de dix heures pour en savoir davantage sur lui. Cela dit, quand on mesure un mètre cinquante, qu'on est gras et affublé d'une figure de gamin demeuré, il n'est guère besoin de raconter encore sa vie pour éveiller la compassion. Et moi, bonne poire, je dois reconnaître qu'en le voyant arriver hors d'haleine, penaud, bredouillant, j'ai ressenti une profonde pitié. Pauvre type, vraiment. J'avais presque envie de lui glisser un billet de vingt francs...

Ce n'était pourtant déjà pas mal, avant lui, dans le genre désastre humain. Non que j'aie beaucoup à me plaindre personnellement, ayant réussi à me faire exempter dès l'école de recrues pour un léger problème de genou, et malgré la crise, je dessine encore quelques villas ; mais il y avait à ma gauche ce Bovairon, prof au chômage, probablement alcoolique, son voisin Chappuisat, menuisier assez décati, la main droite estropiée de deux doigts, à côté le filiforme Blondel, gratte-papier je ne sais plus où, qu'un sac à dos aurait cassé comme un sarment ; puis l'insignifiant Lelourdi, concierge à l'État, dont les yeux tristes fuyaient sous ses verres-loupes, Duschmolski – un nom polonais impossible – tombé avec sa grue sur un chantier de La Côte et pas trop bien recollé, enfin le pathétique Favrod, « en faillite, cardiaque et divorcé », qui avait tenu néanmoins à s'imposer tout de suite comme boute-en-train, premier à se présenter, et à la suite duquel chacun s'était senti obligé de révéler ses misères. Quant à notre instructeur, nommé Jaussy, c'était un gros blond qui transpirait, un peu hagard dans le faisceau du rétroprojecteur, s'adressant à nous d'une voix étrangement prudente.

Notre mission, secourir la population souffrante en cas de conflit armé, de troubles sociaux graves, mais aussi de *catastrophe naturelle ou chimique,* et c'était là que les politiciens feraient bien de réfléchir un peu avant de couper dans les crédits de la Protection civile, parce que le jour par exemple où le surgénérateur atomique de Creys-Malville péterait, qui est-ce qui prendrait en charge les dix mille, les cent mille personnes contaminées ? Et en cas de séisme ? Si ça revenait comme à Bâle en 1536 ?... Seulement voilà, quand les politiciens parlaient de la Protection civile, ce n'était plus que pour faire des économies, pour sabrer des postes...

— Alors bon, j'espère au moins qu'on passera une semaine sans histoire... Parce que moi, je ne suis pas là pour vous enquiquiner, donc...

Message reçu : en clair, une charrette se préparait en haut lieu pour les instructeurs en surnombre... Eh bien, on ne ferait pas de scandale, mais de ton côté, mon gros, il ne faudrait pas non plus pousser...

Nous apprendrions donc à placer un pansement compressif, à déblayer les carnotzets pour les aménager en abris, à clouer des lits, à manipuler le seau-pompe et la motopompe Type I, à nous injecter de l'atropine, à rassurer la population et j'en passe. Mercredi, nous irions éteindre un foyer dans la maison-feu, dont on apercevait la ruine lugubre par la fenêtre, au-dessus d'un vaste amas de décombres. D'autre part, Jaussy l'annonçait *cartes sur table*, il désignerait l'un d'entre nous pour une promotion au grade de Chef d'abri. On a ri avec des huées. Chef d'abri ! Pourquoi pas curé, pendant qu'il y était !

Puis il avait commencé à nous *décanter* les caractéristiques de l'abri ITAS, de l'abri ITAP et de l'abri « de fortune », finissant chacune de ses phrases par un « c'est pas plus compliqué que ça » qui ne l'empêchait pas de se répéter point par point, inexorablement.

On bâillait, on dodelinait sous les plaques de béton, les volets blindés et les mètres cubes d'air ventilés par minute, lorsque le gnome est arrivé. Un mètre cinquante, donc, rouge brique, poupin, la tête pivotant au ras des épaules, et avec ça fessu, cuissu, replet de partout. Il était venu en stop, sa *bagnole* tombée en carafe sur la route cantonale. À l'air gentillet du personnage, vêtu de velours côtelé marron, j'ai supputé quelque Citroën achevant de répandre son huile sur le bas-côté. À moins que le pauvre ne se fût assorti d'une de ces vilaines Golf à jantes larges et couvre-sièges de faux léopard ? Toujours est-il que j'ai décidé de le ramener chez lui le soir, où qu'il habite, dans ma BMW. Pas qu'il traîne au bord de la route, et qu'il voie une fois ce que c'était qu'une vraie voiture. Tout à coup, je m'ennuyais moins : on prendrait l'auto-route, et plein jus les huit cylindres ! Je l'entendais déjà s'exclamer…

J'aurais dû faire plus attention au fait que rien, dans la physionomie du personnage, ne disait la souffrance, l'humiliation, l'amertume, l'envie, l'abdication que je lui supposais en vrac, condi-tionné sans doute par le spectacle des autres. Au contraire, le gnome était on ne peut plus jovial, ravi d'être avec nous, riant aux saillies de Favrod. À la pause, impossible de l'empêcher de payer la tournée, croissants et sandwiches compris. Besoin de se faire aimer, sans doute. Et ça marchait…

Il s'appelait Victor Merminod, *négociant en appâts naturels pour la pêche, l'élevage et l'agriculture,* rien que ça. Il a fait rire toute la tablée en parlant avec une fierté puérile de ses asticots, de ses teignes, de ses vers rouges surtout, dont il était parvenu à sélectionner un spécimen particulière-ment vigoureux, bien annelé et luisant, juteux, qui, à l'entendre, faisait merveille sur l'hameçon.

— Si ça vous intéresse, je peux vous en filer quelques boîtes !…

On a eu la pudeur de ne pas insister, et j'ai payé la seconde tournée. Il a paru touché d'autre part de ma proposition de le reconduire, mais son garagiste allait lui ramener sa *caisse* ici même, vers midi. Sur le moment, je me suis senti un peu déçu, mais on est descendus après la pause au dépôt toucher nos salopettes, et le spectacle du gnome d'ailleurs hilare essayant en vain dix vestes et autant de pantalons, avait de quoi mettre tout le monde de belle humeur jusqu'à midi.

— Dis donc, Lombric, t'as qu'à demander du sur mesure ! a crié Favrod.

Même Bovairon a daigné sourire quand Jaussy s'est décidé à couper les manches d'une tenue à coups de ciseaux. On se tenait les côtes. Sacré Lombric, le temps passerait vite avec une mascotte pareille ! Un peu plus, on l'aurait porté sur nos épaules pour remonter en salle de classe...

*
* *

J'aurais pu remarquer aussi que, tout en rigolant comme à la course d'école, il répondait correctement à la plupart des questions, et ses plans d'abri, sans avoir l'aspect des miens, étaient ingénieux et précis. Mais je dois dire qu'après le choc de midi, et je ne suis pas le seul, j'ai mis plusieurs jours à retrouver mon sens de l'observation...

On venait d'entamer le bouillon, toutes les classes rassemblées au réfectoire. Le cri est venu du présentoir à boissons, où les derniers se servaient.

— Hé les gars, vous avez vu la Ferrari ?

Une *Testarossa* qui manœuvrait dans la cour, rouge évidemment, superbe, presque irréelle parmi les Toyota, Peugeot et autres tacots alignés. Soyons franc, ma BMW elle-même, à côté, avait l'air d'une grosse Opel... Trente types au moins ont levé la tête pour la regarder, certains même se déplaçant jusqu'aux baies vitrées, que le moteur de l'engin faisait trembler dans leurs châsses.

— Ah ! putain la bagnole !

Seul de notre tablée, Lombric gardait le nez dans son bol. Et moi, imbécile, qui pensais encore à une Citroën pourrie, moi qui m'apitoyais, croyant qu'il ne voulait pas se faire envie en regardant la merveille parquer sous notre nez !

Puis on a vu ce mécano entrer dans le réfectoire sidéré, marcher droit sur nous, pour remettre à Lombric, avec de plates excuses, le célèbre porte-clés au cheval cabré !

Forcément on a pensé à une blague, à un coup monté pour nous épater, enfin ce n'était pas concevable. Et puis, devant la mine si gênée de Lombric, il a bien fallu admettre. Favrod haletait.

— Lombric, elle est pas à toi, la *Testarossa* ?

Quoique baissant la tête comme pour un aveu, le gnome n'a pu retenir une expression de vanité.

— Ben quoi, il a pas de poches, le dernier costard ?

— Tu vas quand même pas nous dire que tu l'as achetée neuve ?

— Tu sais, pour avoir le siège et les pédales à la bonne hauteur... C'est que je suis condamné au sur mesure, moi, t'as bien vu, ha ! ha !...

On a ri, on l'a félicité, et puis, pendant qu'il allait, sur ordre de Favrod, acheter trois bouteilles de rouge, on s'est tus, sonnés, grimaçants ; à son retour, on a essayé de se récupérer en lui posant toutes sortes de questions sur sa *Testarossa,* vitesse, puissance, cylindrée, cuir des sièges, mais chaque réponse, je le reconnais avec humour, maintenant, nous a enfoncés un peu plus, surtout Favrod et sa Lada misérable. Personne, curieusement, n'a osé demander le prix. Ni de pouvoir faire un essai. Est-ce bête : jusqu'au café on s'est embrouillés dans les tournures pour éviter de le tutoyer.

*
* *

L'après-midi a été sombre et interminable. À la pause de trois heures, cependant, on s'est remis à cuisiner Lombric, pour obtenir du reste sans aucune difficulté ce qu'on voulait savoir. D'abord il avait tenu un magasin d'articles de pêche, puis il s'était spécialisé dans l'amorce naturelle. Pour une bouchée de pain, il avait racheté une espèce de dépôt souterrain, et l'avait rempli principalement de fumier de cheval, que les centres équestres, trop heureux de s'en débarrasser, lui offraient avec un carton de bouteilles. Composté, enrichi et ensemencé dans les règles de l'art, ce terreau s'était peuplé d'une quantité pharaonique de son fameux ver rouge. D'abord il les avait écoulés par caisses entières aux marchands d'articles de pêche, puis aux zoos, aux vivariums, à certains éleveurs de poules haut de gamme, enfin, la timbale, aux agriculteurs biologiques voulant revitaliser les sols surexploités... Maintenant il louait une usine désaffectée dans le Nord vaudois, un ancien tunnel à champignons en France voisine, tout le sous-sol d'une société viticole en faillite, il avait des manutentionnaires, un bureau, une fiduciaire, un brevet, tout était réglé *nickel*.

De nouveau, on l'a félicité, ah la bonne combine, suffisait d'y penser, mais c'était ça le génie des affaires, pas besoin de diplôme HEC, et voilà ce que tu aurais dû vendre, hé Favrod, à la place de tes stores à lamelles !... Lombric jubilait dégoûtamment.

— Je me dégrouille, ha ! ha ! ha ! je me dégrouille, répétait-il, bavant de fausse modestie.

On a remis le nez dans nos masques à gaz plus anéantis encore qu'à midi. C'était ce nabot visqueux, ce « ver personnellement », comme avait si bien trouvé Bovairon, ce gamin de vingt-six ans qui pavoisait à la tête de son entreprise, qui roulait en Ferrari !

En rentrant par l'autoroute, j'avoue que j'ai tiré la troisième pendant cinq minutes à cent soixante, avant de me fixer à un souverain deux cents de croisière. Besoin de me retrouver. Rien de tel pour cela que de laisser sur place quelques papis, Vivaldi à fond les haut-parleurs. Sûrement qu'il n'avait pas une musique pareille, Lombric, dans son suppositoire à camions.

*

* *

C'est le lendemain que tout s'est décidé. D'abord il a fallu construire des lits de lambourdes, et la matinée s'est passée à taper comme des forcenés dans l'abri, en faisant exprès de clouer tout de travers, pour torpiller Chappuisat, désigné responsable de l'opération. En nage, courant après les outils qu'on lui dissimulait, le malheureux n'a pas eu assez de toute sa science et de ses huit doigts pour réparer nos dégâts avant l'inspection angoissée de Jaussy, qui a dû l'aider à finir. Qui ne serait pas Chef d'abri ? Qui entendait rouler déjà la petite charrette ?

Induit en erreur par mon croquis, Lombric avait scié trop court toutes les planches du W.-C. « de fortune », mais son mètre cinquante l'excusait aux yeux de l'instructeur, et le gnome a ri avec nous quand on lui a fait remarquer qu'il y aurait aussi des adultes dans l'abri.

Il a paru toutefois moins à l'aise à l'apéro, lorsqu'on est partis dans les histoires de fesse. Alors on en a remis, chacun rivalisant de détails abominables. On riait si fort que les tablées voisines se sont mises à nous écouter, les instructeurs même prêtant l'oreille mine de rien. Coincé de partout, pressé d'expliquer pourquoi il ne disait rien, Lombric a dû lâcher à la fin qu'il avait une fiancée, et qu'il allait se marier à la fin de l'été.

— Toi, une fiancée ? n'a pu retenir Favrod.

L'expression douloureuse du gnome nous a gênés un moment, et on a changé de sujet. Mais l'après-midi, pendant l'instruction sur les armes biologiques et chimiques, il n'a plus été possible de se regarder sans pouffer, et à la moindre pause-cigarette (on en avait exigé une par heure), on laissait Lombric pour aller rire à l'aise. Schmolski n'osait pas imaginer le « monstre » que ça pouvait être, Blondel voyait une « vieille horrible », Favrod une « toute grosse », Chappuisat une « étrangère pas difficile et surtout en mal de passeport », Bovairon assurant qu'en tout cas ce devait être quelque chose de « fellinien ».

Tout cela aidait à faire passer les gaz vésicants, mais je n'avais pas oublié le coup de la *Testarossa,* moi. Et j'ai bien fait de modérer leur enthousiasme, parce qu'au café de trois heures, littéralement sommé de nous montrer une photo, Lombric a ramené de sa voiture une pochette entière de portraits et d'instantanés, qu'on s'est arrachés autour de la table.

On a vu tout de suite qu'il était inutile de chercher : pas un canon, la fiancée, mais absolument pas laide, le même âge, un peu plus grande que lui (on la voyait l'embrasser sur son début de calvitie, et lui, rigolard, roulait des yeux au-dessus de son décolleté généreux). Le pire était que l'idée du passeport ou de l'argent ne collait manifestement pas à l'image de cette fille. Sans doute cette Paola était Portugaise, mais Lombric, nageant dans la béatitude, racontait qu'elle avait été femme de ménage chez sa mère, qu'ils étaient ensemble depuis six ans (donc avant les vers rouges), qu'ils se mariaient pour réconcilier Paola avec sa famille et avoir des gosses. Il fallait l'admettre, elle l'aimait, lui, tout nabot, tout Lombric qu'il était.

Habitué à ne plus m'étonner de rien de ce qui arrive entre les hommes, je commençais à trouver comique cette continuelle débâcle, mais les autres accusaient le coup, les manuels surtout, incapables de faire abstraction d'eux-mêmes, et privés de réel sens de l'humour. Chappuisat ricanait aigrement, Schmolski n'en finissait pas de secouer la tête avec de gros jurons, Favrod muet soudain, comme submergé d'amertume.

— Ben quoi, s'est étonné le gnome, vous avez des gueules d'enterrement... Mais je vous inviterai ! Vous viendrez tous faire la foire !

*
* *

On est sortis ensuite pour éteindre un tas de bois parmi les décombres, préfiguration de l'incendie que nous aurions à maîtriser le lendemain dans la maison-feu. En chemin, une espèce de gaieté est revenue en coulisse, à cause de la théorie de Bovairon sur la grosseur de queue des nains. Il paraîtrait que, sur ce plan-là, ils soient inversement proportionnés ; ça expliquait donc qu'elle soit restée avec lui, sa Paola. Mais les spéculations les plus démesurées, après quelques gloussements, ont fini dans un silence lourd de sens. Tiens tiens !...

Sans complexe sur ce plan-là non plus, je m'amusais de mieux en mieux. Décidément la Protection civile, pour un homme comme moi passionné de nature par les rapports humains, serait une mine inépuisable d'observations et une vraie pinte de bon sang, l'intérêt sociologique n'excluant en rien la rude et saine camaraderie des sociétés viriles. J'étais loin de me douter cependant que j'allais être bientôt, sur l'un et l'autre plan, comblé au-delà de toute espérance…

Jaussy n'était pas peu fier de nous soutenir qu'avec un seul seau de dix litres, une espèce de pompe à vélo et un tuyau de huit mètres, il parviendrait à éteindre le feu qui nous tenait à bonne distance, la face cuisante. Tandis que Lombric s'échinait sur la pompe (les rires avaient repris), on a vu l'instructeur crapahuter vers le brasier, projetant devant lui une dérisoire buée. Le feu pourtant a paru étouffer, Jaussy s'est approché encore, enfin on n'a plus vu que des tisons, à travers une épaisse fumée blanche.

— Et voilà ! Qu'est-ce qui a éteint ce feu, messieurs ?

— De l'eau, ce n'est pas très malin, a lancé Bovairon.

— Faux ! Si j'avais lancé le contenu du seau dans les flammes, on n'aurait même pas vu la différence. J'espère qu'ils vous écoutent mieux que ça, vos élèves…

— Moi je dis que le brouillard d'eau a agi sur le comburant, monsieur Jaussy, a léché Lombric, tout excité par la démonstration. Vous avez supprimé un des trois éléments du feu…

— Juste ! Et c'est quoi, les trois éléments du feu ?

J'allais répondre mais, là encore, le gnome m'a devancé.

— Le combustible, le comburant et la chaleur. Suffit d'en couper un, et y a plus de feu.

— Bien, monsieur Merminod. Très bien !…

Le sourire prolongé de Jaussy, qui continuait à fixer Lombric, nous a brusquement avertis. Imbéciles ! Le gnome non seulement n'était pas écarté d'office, mais encore très bien placé pour devenir Chef d'abri ! Lelourdi, sortant de sa réserve habituelle, lui en a même décoché une bourrade plus forte que de sympathie.

— Dis donc, toi, t'as pas fini de faire ton fayot !

Lombric se massait l'épaule, la bouche tordue, mais Jaussy n'a pas osé intervenir.

— Et pourquoi est-ce que je me suis approché du feu accroupi ?... Réfléchissez, c'est très important !

— Parce que l'air aspiré par le feu est plus frais au ras du sol, monsieur l'instructeur, ai-je répondu tout de suite.

— Très bien ! Je vois que vous êtes une bonne équipe !

On a répété l'exercice à tour de rôle, le feu reprenant de lui-même dès que l'eau s'était évaporée. Puis on a rangé le matériel, et je suis resté un long moment au réfectoire avec Favrod et Bovairon, pour clarifier la situation.

Inutile de préciser que nous nous moquions tous les trois autant d'être promus Chefs d'abri, mais enfin il ne fallait tout de même pas qu'on se moque du monde ! Chappuisat déjà éliminé, Lelourdi, Blondel et Schmolski à l'évidence aussi incompétents que lui, ne restait décemment que l'un de nous trois, et personne d'autre. Il ne s'agissait pas d'envie, mais de simple justice. De quoi aurions-nous l'air ?

Favrod ne décolérait pas, martelant la table de son verre de vin blanc. Soudain il s'est mis à rayonner. D'enthousiasme, il a payé une nouvelle bouteille, mais impossible de lui faire dire son idée.

— Tout ce que je peux vous dire, c'est que je vais me sacrifier, les gars. Ce sera pas moi, mais ce sera pas lui non plus...

*

* *

Le prof et moi, on lui aurait dit tout de suite de renoncer à cette idiotie, si on avait su... J'admets que nous aurions pu être plus perspicaces, le lendemain, en voyant Favrod faire équipe avec Lombric autour du seau-pompe, mais le brasier dans la maison-feu était tel que jamais nous n'aurions pu penser qu'il choisirait cette occasion...

Comme si je ne savais pas, pourtant, qu'il faut toujours se méfier des réactions de roquets vexés !

Chose étrange que l'homme : la tête de Favrod, dépassé par les événements, se mettant à sangloter de remords, m'a plus impressionné que celle de Lombric, lorsqu'il a jailli de la maison hurlant et gesticulant dans la fumée qui lui sortait de partout. Bas, très bas, il faut le dire, le coup de cesser de pomper pendant que le copain est à genoux dans le couloir, la face déjà rôtie et à demi asphyxié par un feu d'enfer... On venait d'y passer, le prof et moi, et on n'avait pas fait les malins devant les flammes qui refluaient en torrent sur les murs du couloir. Probable que, dans sa panique, Lombric a commis l'erreur de se relever pour prendre la fuite, et c'est là qu'il a pris la flambée en pleine figure.

Le gnome, grâce à son mètre cinquante, peut-être, n'était brûlé que superficiellement, à peine un méchant coup de soleil, avec quelques cloques au front, et plus un poil vaillant sur toute la face. Un peu de pommade, répétait Jaussy, et il n'y paraî-trait plus. Mais Favrod avait l'air plus choqué que lui, gris de peur, s'excusant, prétendant qu'il avait renversé son seau. Surprenante, et pitoyable décon-fiture ! La saleté de son geste, sans doute, qui lui remontait en nausée...

On ne savait trop nous-mêmes que dire, et les choses en seraient restées là si Lombric, tâchant de rigoler à travers ses douloureuses quintes de toux, n'avait pas serré tout à coup la main de Favrod.

— Laisse tomber, l'ami. Exprès ou pas, ça peut arriver à tout le monde de faire une connerie, pas vrai ?

Alors il y a eu encore deux ou trois secondes de silence total, durant lesquelles on a regardé ce petit bonhomme cramoisi dans sa tenue cisaillée qui fumait encore, puis on s'est mis à insulter Favrod, tous ensemble, à pleine voix, jusqu'à ce qu'il se mette à trembler et à renifler. Moi qui ai toujours détesté la violence, j'étais à deux doigts de lui écra-ser mon poing sur le nez. J'aurais dû. Il s'en tire trop bien, grâce à cette larve de Jaussy, prêt à tout croire, à tout oublier pourvu que rien ne se sache à l'étage où se prépare la charrette.

J'ai su du moins sauver l'honneur en exigeant de lui qu'il propose Lombric pour devenir Chef d'abri.

— Mais c'est vous que je voulais, monsieur Borgerat, bafouillait-il. On a tellement besoin d'architectes...

Je n'ai pas hésité un seul instant.

— Alors débrouillez-vous pour nous faire nommer tous les deux !... Sinon je demande une enquête disciplinaire sur ce qui s'est passé dans la maison-feu, moi !

Bovairon s'est mis à applaudir, bientôt suivi des autres. Sans plus attendre, on a agrippé Lombric à quatre membres, pour le lancer en l'air avec des cris de joie.

*

* *

Je suis rentré par les petites routes, à quarante à l'heure. Pas le moment de souffler dans le ballon !

Mais quoi, une leçon pareille, ça s'arrose. Pas rancuniers, on avait embarqué quand même Favrod, qui a bientôt repris ses couleurs, et fini par avouer en détail ce qu'on savait déjà. Tous ensemble, on a mangé, on a chanté, on a ri, pendant que Lombric faisait venir sans arrêt la carte des vins, et, comme d'habitude, impossible de payer. Soûl d'émotion, il était, la voix cassée, au-delà du bonheur ! Chef d'abri ! il n'en revenait pas.

— Mais c'est grâce à vous, les copains, grâce à toi surtout, Borgerat... J'oublierai jamais comme tu lui as dit, au Jaussy ! Comme tu lui as coupé le cigare, ha ! ha ! du tac au tac !

Impressionnant, ce besoin d'être aimé chez le moins d'un mètre soixante. Et quel bien on peut faire avec les mots qu'il faut, avec un peu de présence d'esprit !

Depuis longtemps je ne m'étais pas senti aussi en paix avec moi-même, fin rond, à quarante à l'heure sur les petites routes. Une belle leçon d'amitié, sans me vanter, je crois que je peux le dire.

JARDIN SECRET

Un peu de rêve pas cher et sans danger pour personne, un exutoire, une pause nécessaire dans l'effervescence, trois fois rien – et qui n'a pas sa faiblesse, son petit vice bien à lui, son jardin secret ?

Son jardin secret, il aime retomber toujours sur ce mot, pendant qu'il s'achemine vers l'éden familier, en toute innocence, oui, en toute innocence : on n'est plus au Moyen Âge, fini le calvinisme, les vieux préjugés ! Une simple *soupape de sûreté*, comme il a lu maintes fois, et maintenant il y a cette affiche publicitaire sur tous les murs, très laide mais on ne peut plus pertinente :

Vous avez déjà fait l'amour ?

clament les capitales énormes, roses sur fond jaune ; on se rapproche et la réplique, comme susurrée en caractères plus petits, résout l'ensemble du problème :

ET ALORS ?

Mais non, pas le *problème,* puisque justement il n'y en a pas !

Ce n'est pas une tare, Bonin, pas même un vice, pas même un défaut puisque ça ne gêne personne. C'est naturel. Tout à fait normal. On aime ça et voilà tout. *On*, c'est-à-dire n'importe qui, des ouvriers, des cadres, des jeunes, des vieux, quelques disgraciés, mais aussi des hommes comme toi manifestement heureux en ménage, tout à fait propres à séduire encore, s'ils le voulaient. Rien à voir avec le ramassis de pervers à face de fouine, de nabots, d'obèses qu'on imagine, la bulle de salive à la lèvre... De plus en plus de femmes, d'ailleurs, avec leur compagnon ou en petits groupes, et pas du tout gênées, comme ces adolescentes de l'autre jour, qui se sont fait emballer un godemiché dans du papier cadeau. Pour une copine dont le petit ami partait à l'armée, ont-elles tenu à préciser à la caisse. Riant quand même un peu trop fort, mais ayant pris le temps de choisir, de comparer, sans s'occuper des types entre les rayons... Et puis vous me mettrez une boîte de préservatifs, j'y pense, Ceylor bande bleue...

— Pour offrir, aussi ?

— Non, pour moi.

Et alors ?

Est-ce qu'on rase les murs en entrant dans une armurerie ou un cinéma pour regarder un film de violence et de haine ? Quelle honte à préférer voir la peau nue et belle plutôt que sanguinolente ? Où est la fêlure ?

Rien d'autre qu'un peu de rêve facile, sans doute, mais sans danger pour personne. Il ne fume pas, ne boit pas, ne consomme aucune drogue, ne se soûle pas de vitesse au volant, n'abuse jamais de son pouvoir sur ses secrétaires à l'agence. Bon employé, bon citoyen, bon père et bon mari. Jamais de mal à personne. Françoise est au courant depuis longtemps, et c'est à peine si elle fait parfois une remarque amusée, le traitant de « grand gamin lubrique ». Seule condition, pas de revues, pas de cassettes à la maison, à cause des enfants. Mais enfin Françoise !... la plus élémentaire conscience paternelle...

Sa femme est au courant, sa femme en rit, cette pensée lui est douce, elle l'aide toujours à dégager sa nuque crispée, tandis qu'il gravit le trottoir de plus en plus suspect, elle l'aide à ignorer passants et automobilistes, bus bondés et vitrines, enfin à pousser la porte. C'est alors comme un basculement autour de cette charnière qui grince, l'angoisse comme refluée sur le seuil derrière lui, une impatience brusque, délicieuse déjà, le tirant à pleine poigne vers l'intérieur. Pourtant une dernière prudence le freine, le temps d'un long regard par la fente du rideau de feutre réglementaire.

Amis, collègues, clients, voisins, ça en fait du monde, à la longue...

Étonnant, même, que depuis tant d'années l'une ou l'autre de ces rencontres désastreuses qui le traquent jusque dans son sommeil n'ait pas encore eu lieu. Si, un lointain camarade d'études, mais ce dernier ne l'avait pas vu, trop occupé à feuilleter... Du reste quelle importance ? À moins d'incarner la vertu au-dehors, d'être prêtre ou censeur, au-dedans ne peut-on pas se sentir à l'aise ?

Cette réflexion lui cause chaque fois une détente si vive qu'un rire nerveux monte dans sa gorge. Con de Bonin ! Mais que de trouille pour trois fois rien ! Il est où, ton directeur ? Bien plus embêté que toi, d'ailleurs, si ça arrivait... Respire donc, con de Bonin, et profite de la vie !

Il dit bonjour au gérant, d'une voix naturelle demande s'il y a des nouveautés, se paie le luxe d'ouvrir son manteau.

Au pire, il a sa phrase toute prête. Il sourira poliment et il murmurera : « Ni vus ni connus, monsieur le directeur... Pacte tacite, on est d'accord ? » Et le dirlo répondra, avec l'expression d'un soulagement proche de l'amitié : « C'est cela, Bonin, on ne s'est pas vus. »

En ces temps de restructuration obsessionnelle à l'agence, une telle complicité pourrait même se révéler salutaire... Avantageuse, qui sait ?

Mais assez. Il fait chaud, pas mal de monde mais nul gêneur, et les sirènes californiennes à seins de paradis l'aspirent au présentoir.

*
* *

C'est une haute étagère où est rangée la collection de cassettes vidéo qu'il préfère, *sa* collection, classée « convivial stand'hard » entre les diverses spécialités du magasin. Pornographie grand public, de bonne qualité, de bon goût, oserait-il affirmer, en amateur éclectique et averti. Certes, il n'en est plus à se servir au hasard, et a fini par éviter tout à fait la plupart des « écoles », pour ne plus s'attacher qu'aux productions extrêmement soignées de deux ou trois firmes américaines. De plus en plus, il déteste la grossièreté, les gadgets scabreux, le sado maso, la scatologie, la violence. Pornophile de goût, et de goûts simples... Il a vu trop de scénarios à pleurer de crétinisme, de décors miteux, d'étreintes bâclées, éclairées à la torche halogène, trop de motards tatoués, de camionneurs à chaussettes rayées s'agitant sur des auto-stoppeuses à bas résille, trop de vergetures, de bleus, de dents plombées, trop de faux plaisir vulgairement singé sur fond de guitare électrique et de banquette arrière. Terminé, le bas de gamme. À la limite du dégoût définitif, il a trouvé un jour ses marques, et ne cherche plus ailleurs.

Ce qu'il aime, ici, c'est d'abord la qualité technique de la réalisation tout entière, les jeux d'ombre, les décors à couper le souffle, les éclairages imperceptibles, le scénario réduit à un simple fil conducteur, la musique envoûtante. Ne comptent que les corps, que la peau mise en valeur de toutes parts, et quels corps, mon Dieu ! Les hommes comme les femmes parfaits de la tête aux pieds, dorés, sains, travaillés aux haltères, au scalpel, aussi, mais qu'importe l'artifice quand il vous offre des galbes pareils ?

Bien sûr, il y a encore quelques déceptions, mais il arrive plus souvent qu'il n'en croie littéralement pas ses yeux. Des images, des scènes miraculeuses, qu'il n'aurait pas pu imaginer, pas même rêver tout seul, d'ailleurs il ne parvient curieusement pas à se les rappeler avec netteté les jours qui suivent, il doit revenir, se les repasser, comme si le jardin ne voulait rien laisser sortir de ses enchantements, avec une sorte de jalousie ironique. Mais peu importe ; il en reste toujours quelque chose de vague et de puissant qui aiguise ses sens, et le jette, quand il a su rester sage, vers Françoise qui sourit de plus belle... C'est le jeu, de toute façon, et une joie permanente de les savoir là, lovées entre les palétuviers ou les draps de satin, Carolyn Monroe, Savannah, Ashlyn Gere, Isis Nile, Madison et tant d'autres, les déesses amies, promptes à surgir avec leurs compagnons d'extase bienheureux, trop heureux, parfois...

Au début, de vertigineuses amertumes pouvaient le faucher par surprise, au plus intense de l'émotion. Pas pour toi, Bonin, pas pour toi, poire dans ta cabine, branleur à jamais, et que ferais-tu, galopin, livré à ces géantes ? Et il sortait, il fuyait, l'âme en suie... Puis il a appris à se faire une raison. Pas pour lui sans doute comme tant d'autres choses, c'est la vie ; mais comme en tant de choses, le rêve est peut-être, ici aussi, meilleur que la vie...

Maintenant, le rideau passé, il entre calme dans le trouble, sûr d'en revenir plus serein encore. Le jardin est une forêt vaste et variée, un port bruissant de magie assoupie, un rivage toujours

prêt à l'élever nu et neuf au soleil, en toute innocence…

La fatigue d'ailleurs l'invite aujourd'hui à
paresser en territoire connu. Galapagos… Il veut
revoir cette scène éternelle, dans l'écume qui meurt
sur le sable, inusable en lui parce qu'élémentaire :
beaux comme des dieux, une femme et un homme
qui font l'amour. Longuement, assez simplement,
exactement comme on voudrait faire l'amour et
tout oublier…

Et aujourd'hui, il gardera les mains croisées sur
ses genoux. Que tout reste intact pour Françoise ce
soir, pour la faire profiter de tant d'amour – encore
un signe qu'il n'est pas franchement dépravé, qu'il
n'a aucune raison d'avoir honte.

*
* *

Il a payé à la caisse, s'est engagé dans le couloir
que n'éclaire que le halo des cabines désertées, où
les films continuent de tourner. Impossible de ne
pas jeter un coup d'œil au passage sur l'écran des
téléviseurs mais, comme d'habitude, le pire mauvais goût s'y déploie : trois détenus dans une cel-
lule crasseuse, un vieux chauve grassouillet avec
une gamine asiatique – il y a quand même de
sacrés dégueulasses…

Un angle droit, un autre couloir, des types qui
s'écartent avec un retard équivoque. Chacun ses
goûts. Tout ce qu'il demande, lui, c'est qu'on ne
l'importune pas… Il se hâte vers sa cabine tout au
fond, dont il parvient à peine à déchiffrer le

numéro, le 12, qu'il étrenne, note-t-il, pour la première fois.

Il entre, verrouille soigneusement la porte, s'assied. Le générique se déroule déjà sur l'écran, avec une lenteur dangereuse. Surtout ne laisser aucune irritation gâcher l'impatience qui s'accroît. Faire le vide, se fermer à l'odeur de vestiaire surchauffé, à la cacophonie des râles, rires et invectives de quatre langues qui s'échangent par-dessus les cloisons, à toute cette atmosphère au fond mortellement triste, il le sait trop. Étanche, il faut profiter du générique pour se rendre tout à fait étanche, n'être plus qu'œil qui attend, que désir qui se concentre, pendant que s'accélère le pouls, perceptible peu à peu dans tout son corps. L'exercice est plus ardu aujourd'hui à cause de la partouze voisine en version allemande, gueularde comme une bagarre, un instant la colère monte, mais l'anticipation des images à venir l'aide à évacuer les beuglées. Savannah, Savannah qui va bientôt sortir de l'eau, le maillot affolant que l'homme va lui ôter...

Elle marche souriante à sa rencontre dans les vagues, l'eau ruisselle de ses épaules, le maillot noir est collé à ses seins lourds, compacts, impossibles, dont il sent soudain le poids frais sur sa poitrine ; puis le maillot glisse, elle le jette du bout du pied, et le poids revient, plus doux et plus chaud, descend, creuse son ventre, pèse sur son sexe dressé. Il est couché sur le sable, pas de musique, le seul bruit des vagues, il n'y a qu'à se laisser aller, les yeux entrouverts. Le poids est sur ses cuisses, immobile maintenant, alors que la langue virevolte, s'arrête et repart le long de ce centre où tout son être se cambre, appelé, drainé, contraint jusqu'aux moelles, enfin doucement pris, avalé et rendu, repris, savouré dans l'obscur sublime où il devient insupportable de ne pas se laisser mourir.

Très loin la partouze teutonne, très loin les bruits de papier, les portes qui claquent... Maintenant il est dans sa bulle, hors de toute atteinte pour une heure longue où le meilleur est encore à venir...

La seule inquiétude, à vrai dire plus piquante que gênante, est de savoir s'il parviendra jusqu'à la fin à rester sage. On verra bien. Après tout, il est encore assez vert, que diable... De toute façon, il n'a rien promis à personne...

*
* *

Des grattements à sa porte, il en entend presque chaque fois, et souvent la poignée est manipulée en appel plus insistant. Inutile d'injurier. Le type comprend bientôt qu'il n'a rien à espérer, et s'en va quêter plus loin. Depuis le temps, il n'y prend même plus garde ; cela fait partie du décor et se dissout avec le reste.

La voix en revanche le perce littéralement, le cloue sur son siège.

À peine un chuchotis, qu'il a essayé d'abord de localiser parmi les soupirs de Savannah et de Peter, mais les mots n'ont rien à voir avec la scène, semblant provenir de l'intérieur même de la cabine, proches à en sentir le souffle sur ses joues...

— Eh... Eh... Ça t'intéresserait qu'on fasse connaissance ? Là... Là, regarde...

Éberlué, il distingue enfin deux doigts qui sortent de la paroi à côté de lui, s'agitant en manière de salut furtif.

Un trou.

Il y a un trou dans sa paroi, un trou rond d'une dizaine de centimètres, d'où les doigts clairs se retirent tout à coup.

Il voudrait se lever, mais reste figé, inerte, incapable de détacher son regard de l'œil noir à peine visible dans l'ombre, et le chuchotement revient, pressant, avec une étrange chaleur.

— Eh, ça te dit d'essayer ?... Regarde... regarde...

Il voudrait répondre, envoyer paître l'individu, mais le garrot qui l'étrangle se ferme encore d'un tour, car c'est un sexe maintenant qui surgit de la cloison, décalotté, brandi, indubitable, à quelques centimètres de sa main droite.

*
* *

Pourquoi il l'a pris dans sa main, très vite, presque sans hésiter, Bonin se le demandera jusqu'à sa mort sans trouver de réponse. Il aurait suffi de sortir, d'aller réclamer une autre cabine, plus simplement encore de chasser l'intrus d'un coup de genou, et pourtant, scandalisé et fasciné, il l'a saisi entre ses doigts...

Peut-être pour en finir le plus vite et le plus discrètement possible... Peut-être pour savoir ce que ça faisait, une fois dans sa vie, de sentir un membre viril autre que le sien dans sa main, juste pour se rendre compte... Ou, par sot orgueil, pour ne pas avoir l'air d'un dégonflé, à ses yeux comme à ceux de l'inconnu... À moins qu'il ne soit plus pervers qu'il croyait, insidieusement attiré... Non, mais non ! Aucun plaisir, aucune espèce de trouble, une simple curiosité, il se pourrait même qu'il ait trouvé cette situation assez comique, sur le moment !...

À vrai dire, il ne se rappelle plus bien. Tout s'est passé si vite. Mais qu'importe ? N'a-t-il pas refusé de faire toute autre chose (non mais sans blague !) que de tenir cette espèce de saucisse à peine deux secondes ? A-t-il eu ensuite la moindre envie de se prêter au même petit jeu ? N'a-t-il pas éprouvé au contraire un irrésistible besoin de vider les lieux sans plus attendre ?

Rien d'un taré, Bonin. Normal sur toute la ligne. Là est l'essentiel que tu dois garder en tête, si tu ne veux pas la perdre complètement. Un « grand gamin », c'est ta femme, ta femme qui te le dit ! Tout le reste n'a aucune importance. Faux problème. Non, même pas de problème !

La seule question intelligente concerne le piège. D'où et comment il viendra...

Car il est inutile aussi, voire dangereux, de se demander pourquoi il s'est arrêté, au lieu de partir sans se retourner sur l'inconnu qu'il avait entendu ouvrir sa porte derrière lui, pourquoi il a attendu à côté de cette poupée gonflable, dont la bouche lui ricane encore son hideuse grimace, pourquoi enfin il s'est pour ainsi dire livré, exposé en pleine lumière, le visage braqué vers la sortie du couloir. Peur de se retrouver sur le trottoir, refus de se sentir chassé, plus encore de se sentir coupable ?

Ce qui est sûr, qu'il faut admettre posément, c'est que le directeur l'a reconnu. Même s'il a su, lui, masquer très bien sa surprise, même s'il a fait semblant de ne pas te voir, foudroyé, toi, calciné de honte et de peur.

Mais lui exactement dans la cabine à côté ? Lui et pas peut-être un autre qui chuchotait ces choses, et que tu...

Arrête de te torturer, con de Bonin. C'était lui, c'était toi, et il le sait. Trop tard pour revenir en arrière.

*

* *

Un piège, il l'a tout de suite compris, avant même la première gorgée d'alcool, dans un café proche. Une sorte de lucidité presque indifférente a succédé au coup atroce. Tout est beaucoup plus simple, maintenant. Le mal est fait, la suite est transparente.

Il revoit M. Schirm dans son complet bleu marine, son visage froid, presque dur de grand timide, comme lui, son expression habituelle de distinguée réserve devenir à sa vue encore plus parfaitement vide, non pas comme s'il n'avait pas

existé, mais comme s'il n'existait déjà plus. Éliminé, effacé, Bonin… Pacte tacite ? Mais comment
donc : un beau piège quelque part dans la comptabilité, ni vu ni connu… Telle manipulation lointaine, imprévisible, amorcée par telle consigne
orale et ambiguë, c'est si facile. Puis la foudre tombera sur telle colonne de chiffres, remontera
jusqu'à toi, et tu sauteras comme un fusible tout
désigné, « pour justes motifs ».

En entamant son deuxième verre, il ouvre
brusquement un journal et parcourt les offres
d'emploi avec fébrilité. La solution ! Prendre les
devants ! À quarante-huit ans, tout n'est pas
perdu, qui sait ?

Mais ce qu'il lit en zigzag refroidit vite son
euphorie, et le troisième verre lui échappe des
doigts, se vide sur la table.

Ce geste, ce geste monstrueux…

Bien fait, Bonin. Bien puni.

*
*   *

Le patron lui a changé son verre gratuitement.

— Pas de mal, c'est des choses qui arrivent…

Il boit l'alcool à petites gorgées, se sent remonter un peu.

S'il arrive à tenir quelques mois, à se montrer
assez habile pour déjouer le piège, tout en redou-
blant d'efficacité et de discrétion, il sera peut-être
gracié. Une toute petite chance, qui se met néanmoins à carillonner en lui. Autant d'heures supplé-
mentaires qu'il faudra, politesse absolue avec

l'ensemble du personnel, rendement accru de tous ses dossiers. Devenir très vite indispensable, mériter !

Quant au jardin secret, c'est fini. Il cède la place. Ce sera dur de passer chaque jour devant, de penser aux nouveautés qui arriveront semaine après semaine, alors que s'effacera en lui jusqu'au souvenir des images miraculeuses, mais il cède la place. Il est d'accord. Il le fait même volontiers.

D'ailleurs c'est peut-être mieux comme ça. Bientôt lassé, de toute façon, par ce monde de clichés toujours les mêmes, de faux plaisir et d'esthétisme bidon. Pauvres types qui y restent accrochés leur vie durant. Pervers qui s'ignorent. Tapettes... Non, ne pas penser à Schirm. Qui l'eût cru, mais ça le regarde. Chacun ses goûts. Silence. Va plutôt faire l'amour à ta femme, Bonin, et tire un trait. Ça n'existe plus. Ça n'a jamais existé.

*

*   *

Une étape dans sa vie, un égarement passager, un peu de rêve stupide où il a failli se corrompre, rien de plus. Une chance que le signe soit venu à temps...

Enfin une toute petite chance...

Un moment de honte est vite passé

I

C'EST lors d'une invitation au *Restaurant de l'Omble-Chevalier,* où il s'était rendu pourtant contre son gré, que le syndic Édouard Bavaud eut la révélation d'un monde supérieur, et que sa vie dès lors ne serait plus tout à fait la même.

Les choses, à vrai dire, s'étaient mal engagées. Venant de ces nouveaux résidants dans la commune, un dermatologue et sa femme désireux de transformer la vieille ferme du moulin, l'invitation ne pouvait être désintéressée. D'ailleurs sans l'insistance de Simone, qui voulait aider à l'intégration de ces gens — son côté fille de pasteur — et surtout s'il avait su quel genre d'établissement était l'*Omble-Chevalier,* nul doute qu'il aurait refusé.

À considérer les Rolls, Mercedes et autres parquées devant le restaurant, ses soupçons s'étaient mués en certitude, et en effet, on n'avait pas achevé les entrées qu'il était sondé déjà sur sa manière de faire respecter la loi cantonale, puis qu'apparaissaient, amenés de façon quasi péremptoire, les mots d'*arrangement,* de *dérogation…*

Ces Lausannois…

D'abord, ils auraient pu attendre le café. Ensuite, se renseigner un peu : ne savait-on pas assez dans la région que le syndic Bavaud était fils de juge cantonal, juge échevin lui-même au Tribunal du district, directeur du Collège, officier supérieur, député, président de la Commission des sites historiques, enfin pas tout à fait le genre à « trouver le joint » en buvant trois décis ?

Mais justement il n'avait pas bu « trois décis » ; il avait bu pour commencer un sauternes exquis au *Restaurant de l'Omble-Chevalier,* chez le fameux Deuminsse, noté 19,5 sur 20 par le Guide Gault et Millau, avait précisé Madame en faisant bouger ses perles, et c'est ici qu'il avait soudain pris conscience, avec une sorte de honte engourdie, qu'il était déjà pris au piège.

Non que les mets, les vins eussent en quoi que ce soit pu modifier sa décision de ne pas favoriser la piscine de ces gens, mais parce que ces vins, ces mets surtout, ces mets stupéfiants, à la fois subtils et vifs, inépuisablement variés, divins en un mot, étaient en train de le forcer, malgré l'irritation, malgré tous ses efforts pour rester froid, à se découvrir pire qu'un faible, qu'un simple penchant pour la gastronomie : une passion, c'était une évidence, un véritable *vice.*

Et on n'en était encore qu'aux entrées…

Ainsi, lui qui jusqu'alors avait toujours jugé indigne, eu égard à la faim dans le monde, de lâcher plus de trente francs, boissons comprises, sur une table de restaurant, lui qui, comme il s'était plu à le répéter bien haut, préférait croquer une saucisse-moutarde avec les doigts debout à la cantine plutôt que de « pétouiller » trois heures, même invité, chez « ce Girardet où tous les parvenus se croyaient obligés d'aller », voilà qu'il en était resté quatre et demie chez l'un de ses éminents confrères, qu'on avait essayé de l'y corrompre, qu'il n'avait pu nonobstant se lever et quitter *Le Vol-au-Vent aux Truffes de Champagne sur son Coulis de Laitue braisée Guy de Maupassant,* que, le malaise de la piscine bientôt noyé dans le Clos-de-Vougeot, il ne s'était plus même donné la peine de répondre intelligiblement à son entourage, envoûté, transporté, sans la moindre pensée pour le tiers-monde, qu'il avait dû laisser le volant à Simone pour rentrer, enfin qu'il avait passé l'une des plus belles, des plus importantes, des plus heureuses soirées de sa vie.

Monsieur s'était levé discrètement pour régler l'addition, mais il avait aperçu les deux billets de mille francs aux mains du maître d'hôtel, lequel ne rendit que de petites coupures, soixante francs peut-être... Sans doute la somme était-elle effarante, mais était-ce trop cher payé pour un génie culinaire si supérieur, sans parler des victuailles infiniment précieuses, des vins miraculeux, du décor, du service parfaits de bout en bout ? À y bien réfléchir, le scandale n'était-il pas plutôt dans certaines assiettes du jour à quatorze cinquante ?

Quelle leçon. Quelle leçon d'abord d'humilité !

Ah certes, on ne l'y reprendrait plus à nier avec dédain que le cuisinier soit un artiste complet, la gastronomie un art aussi créatif, noble, émouvant, mystique même, que la littérature ou la musique, à ricaner de certains amis qui faisaient deux cents kilomètres pour une terrine, à émettre surtout ces amalgames imbéciles entre les plaisirs du lit et ceux de la table.

La honte, au retour, en avait failli gâcher sa digestion. Comment avait-il pu, alors qu'il détestait les gauloiseries, répondre à quelques maîtres de sport enchantés de leur dernière « descente en Bourgogne », qu'il laissait quant à lui la consolation du cuissot à ceux qui n'avaient plus les joies de la cuisse – avant d'enchaîner, une fois de plus, sur sa calamiteuse saucisse avec les doigts ? Pour quel rustre n'avait-il pas dû passer ?

Un rustre, oui, tout syndic, tout juge, tout directeur qu'il était, un rustre doublé d'un sot médisant et pingre. Ridicule, de surcroît, de s'être si longtemps privé.

Mais il saurait se rattraper. Il reviendrait, il apprendrait, il découvrirait tout depuis le début. Il rendrait humblement hommage à ce qu'il avait méprisé.

De tous les vices celui-ci n'était-il pas le moins dangereux pour sa santé, le plus raffiné, le plus culturel, le moins grave du moment qu'on y cédait avec modération, en somme le moins vicieux ?

Il parvenait le lendemain à réserver par téléphone une table chez Deuminsse à plus de deux mois de distance. Tant mieux, le vice se réglerait

de lui-même. Mais la question du maître d'hôtel
l'avait pris de court :

— Pour combien de personnes ?

— Je ne peux pas vous répondre tout de suite.
Pas plus de deux en tout cas...

*

* *

Simone aussi avait « adoré », n'ayant rien compris aux manœuvres de leurs hôtes, lui reprochant
même de s'être montré peu *liant*. Le dimanche
d'après, renonçant au culte pour mieux se consacrer
à ses fourneaux, elle avait servi sur la table fami-
liale une tentative de *Sole flambée au Marc de Pinot
gris avec sa Sauce au Crabe de Bretagne sur son Lit de
Courgettes Marcel Aymé* pleine de bonne volonté,
mais qui tourna très vite au drame. Il avait fallu
décoller à la truelle le fin poisson attaché à la poêle,
faire semblant de reconnaître des goûts dans le
brouet douceâtre de la garniture, consoler enfin la
malheureuse au bord des larmes, tandis que les
enfants réclamaient du *ketchup*.

Dès lors ne valait-il pas mieux, en dehors de
toute considération matérielle, lui épargner
l'épreuve du *Restaurant de l'Omble-Chevalier* ? Incapable de ne pas chercher à deviner les recettes du
maître, ni de ne pas comparer ses prix avec les
actions de la Migros, elle s'y ferait assurément plus
de mal que de bien, humiliée en outre de ne pas
parvenir à l'égaler à domicile. Elle ne méritait pas
cela. Sans compter que chaque mets serait par elle
commenté et analysé à haute voix comme les films

qu'ils regardaient ensemble, en sorte que vingt fois il devrait mâcher plus vite pour lui répondre. Or un repas chez Deuminsse n'avait rien à voir avec une « agape », comme elle aimait à dire en proposant telle grillade paroissiale dans un refuge forestier ; chez Deuminsse on entrait comme dans un sanctuaire, le repas y était célébré à la façon d'une messe, avec son prêtre et ses officiants, et qui ne possédait de nature ce sens mystique de la dégustation pure, de la sereine et suave contemplation, ne pouvait qu'y perdre son temps et son argent.

Chère brave Simone, parfaite épouse, mère irréprochable, si heureuse dans les choses simples, pourquoi dès lors te perturber en t'emmenant là-bas ?

Donc il retournerait seul à l'*Omble-Chevalier,* en grand secret. Mais on irait plus souvent tourner une broche dans les alpages avec les enfants, avec les amis, avec toute la paroisse qu'elle voudrait, il en faisait le serment.

*
* *

Si la passion avait rencontré encore quelques résistances en lui, la seconde visite acheva de les dissoudre, entre *La Bisque d'Écrevisses mordorées aux Joues de Lotte Édouard Manet* et *Le Sorbet de Mirabelle à la Surfine d'Armagnac Hector Berlioz.* Par chance, il obtint une table pour le mois suivant, et, pour s'ôter ce genre de souci, la réserva à date fixe tous les quinze jours.

Conseil municipal, disait-il à Simone, séance de commission scolaire, les couvertures ne manquaient pas. Cependant il alla cuire des saucissons en forêt, il alla visiter le Zoo de Bâle promis depuis des lustres, il invita la salle des maîtres au jardin, sans même avoir l'impression de se forcer.

Tous les quinze jours, le rythme était idéal. Rarement il s'était senti aussi bien. Détendu avec les enfants, proche de l'aménité envers ses collègues, surtout plus amoureux que jamais de Simone, que dans les jours suivant la cérémonie il comblait mieux encore que dans ses jeunes années. À croire que les amalgames qu'il avait proférés naguère n'étaient pas si stupides. Comme si la découverte des infinies subtilités de la bouche, de la dégustation des aliments plus ou moins souples, durs, lisses ou fondants sous la langue, comme si le jeu des attentes propices à l'imagination des saveurs, l'aspect quasi sacré du décor, des plats, du service solennel, comme si le trouble intérieur, enfin, l'émotion douce et sans cesse augmentée, sans heurts, jusqu'à la plénitude, lui enseignaient en quelque sorte, à un âge où la vigueur commençait à faire défaut, les rudiments d'un érotisme nouveau, plus inventif et plus riche.

Dès les hors-d'œuvre, c'était une caresse subtile qui de sa bouche se répandait dans son corps, et une sensation de légèreté l'enveloppait, d'exquis repos, tandis que ses sens s'éveillaient en une extraordinaire disponibilité. Avec l'entrée chaude qu'il prenait ensuite, il se sentait légèrement transpirer, et les premières gorgées de vin blanc dont il s'était fouetté les papilles entretenaient comme un foyer chaleureux d'appétit au fond de son ventre. Une impatience naissait là, qu'il s'agissait de modérer, de laisser prendre forme, se nouer en désir de chair plus franche dans sa bouche agacée de saveurs molles. Alors peu à peu surgissaient des tréfonds de son âme, timides encore, les premières notes de la mélodie qui l'emporterait plus tard. Il commençait à perdre pied, à se dégager de tout ce qui le retenait en lui-même, mais une fausse manœuvre, un abandon trop rapide, une simple hâte, il le savait, le feraient retomber brutalement. Exercice de corde raide !

Il fallait se concentrer, se maîtriser, s'élever par degrés dans le vertige, le plus lentement possible, afin que le plaisir puisse s'amonceler comme un orage avant d'éclater de soi-même, à la façon de la *Neuvième Symphonie* de Beethoven, qu'il écoutait en venant dans sa voiture. La respiration courte, il se forçait à mâcher avec une lenteur exaspérée telle caille farcie aux raisins ou tel autre mets aigre-doux sur quoi s'émoussait et s'excitait son attente.

À ce stade, il avait fini sa demi-bouteille de chablis. Les tempes lui battaient, ses doigts tremblaient un peu. L'œil aigu, il regardait la pièce de viande rouge, le gigot, le râble qu'on apprêtait devant lui. C'était gagné si la salive lui venait en flux régulier le long des gencives, sans crispation de la glotte : la fringale première était surmontée, la certitude de réussir pouvait s'installer alors comme un état de grâce. Mais il fallait encore se pénétrer de tous les fumets de cette viande, de ces champignons, de ces légumes ; de même, humer seulement le vin rouge qu'on venait de lui verser dans le verre poire. L'observer. Se perdre en son rubis mouvant sous les reflets de la lampe.

Descendre jusqu'au grain noir. Remonter avec l'âme du vin collée au cristal, ressortir, humer encore.

— Servez, s'entendait-il murmurer, c'est parfait.

L'extase enfin s'épanchait dès la première bouchée, et ne le quittait plus, avec par instants des ondes plus fortes qui le faisaient frémir de la tête aux pieds. Il contrôlait cependant son plaisir, savait le relancer avec une gorgée du vin tombé tout droit d'une vigne du ciel, ou s'attardait à mastiquer un légume, pour différer. Il pouvait tout se permettre, maintenant, son corps n'était plus que saveur, qu'ivresse délicieuse, que sensualité reconnaissante et désireuse encore ; il pouvait planer d'une viande à l'autre, s'amuser à piquer sur une salade, à resurgir d'un trou normand, à louvoyer entre les fromages ou les desserts, jusqu'au cognac final, qui lui faisait remonter au nez comme l'essence divine de tout ce qu'il avait absorbé.

Alors il était bien. Heureux d'être vivant, d'être Édouard Bavaud, mari de Simone, père de Jean-François, de Christine et de David. Il les aimait. D'ailleurs il aimait aussi Deuminsse, les serveurs, les dîneurs, tous les hommes en général, avec lesquels il se sentait, tout seul à sa petite table, en profonde communion. Il aimait la vie et la Création, Dieu ne pouvait pas ne pas exister, et l'idée même de sa mort, maintenant qu'il avait connu le véritable miel de l'existence, ne parvenait pas à l'attrister, mais à nimber seulement les choses d'une sorte de gravité qui les rendait plus belles, plus délectables encore.

Le vice ? Avec l'habitude, il en vint à rire de ses anciennes intolérances. Quel vice en effet ? La table de Deuminsse l'avait éduqué et bonifié tel un vin de haute garde qui change son acidité en bouquet. Sous tous rapports, il s'était arrondi et libéré. Est-ce que la famille, l'école, la commune allaient mal ? De quand datait son dernier accès de colère ? À qui nuisait-il ?... De plus en plus souvent, au tribunal comme à propos d'élèves en échec, il se rendait aux arguments de la défense, et lâchait le sursis. Le monde s'en portait-il plus mal ? Était-il moins efficace, moins juste, moins digne de vivre enfin depuis qu'il était moins sévère, avec les autres comme avec lui-même ? Sa santé du reste, qui n'avait jamais été si bonne, montrait les bienfaits de la métamorphose. Quant à l'argent, il travaillait assez pour avoir le droit d'en dépenser, ayant du reste largement augmenté le budget de Simone, que de surcroît il enchantait de temps à autre avec un flacon de parfum ou un foulard.

Non, il avait beau tourner et retourner les choses, il n'y avait plus en lui la moindre faille.

Tellement bien, tellement heureux qu'il pouvait se permettre de boire deux tasses de moka sans craindre l'insomnie.

II

L'OMBLE-CHEVALIER, lorsqu'il était arrivé ce soir-là, présentait son public habituel d'hommes d'affaires discrets, de couples d'âge mûr, de vieux beaux très bien accompagnés. À la table voisine de la sienne, deux dames s'extasiaient sur la carte avec un enthousiasme assez vif, mais le bruit de fond demeurait léger, ouaté, propice au recueillement.

Entouré d'un murmure respectueux, Deuminsse était venu serrer la main de ses hôtes, avait adressé même quelques mots à Bavaud, en lui servant *Le Chaud-Froid de Canard aux Pêches Victor Hugo* de ses propres mains.

Flatté de cette marque d'honneur réservée aux initiés, Bavaud avait senti dès la première bouchée commencer le boléro des saveurs. Ce serait une grande soirée. Il dégustait le pouilly-fuissé, le cœur en joie, quand le scandale commença.

Il y eut d'abord des éclats de voix entrecoupés de fous rires aigus dans le hall d'entrée ; puis, sur les pas du maître d'hôtel éberlué, un couple de jeunes Noirs, se tenant par la main, entra bruyamment.

Occupé à tâter le vin blanc tout au fond de sa bouche, Bavaud faillit s'étrangler. Le Noir, très grand, lèvres roses épanouies, la chemise et le gilet ouverts jusqu'au sternum, une panoplie de chaînes d'or en guise de cravate, traversait la salle en dansotant sur un rythme qu'il martelait d'une main levée au-dessus de sa tête. La fille était plus invraisemblable encore : minijupe moulante de cuir jaune laissant voir toute la longueur des jambes tendues sur les talons aiguilles dorés, guêpière vert bouteille plaquée sur le ventre, seins posés comme sur un plateau, elle tortillait du croupion en étouffant ses éclats de rire.

On avait là un mac et sa poule en goguette. Ne pouvaient s'y tromper que les deux braves dames d'à côté :

— Mais regarde-moi ce qu'ils sont drôles, les amoureux, pouffait affectueusement la plus âgée.

Puis il eut un haut-le-corps lorsque la fille se mit à déplacer les couverts de leur table, afin de s'asseoir à côté de son partenaire. Non mais se croyaient-ils dans une cantine de cirque ? S'étaient-ils trompés d'adresse ? Comme si ces mangeurs de sauterelles pouvaient comprendre quelque chose à l'art de Deuminsse !

La fille, pour mieux s'appuyer contre l'épaule de son complice, avait étendu sa jambe gauche hors de la nappe, en sorte que son regard pouvait remonter très haut le long de sa cuisse, qu'elle avait superbe, il fallait bien le reconnaître, fuselée, musclée, à la fois ronde et fine.

Mais elle n'allait quand même pas montrer son slip !... Cette tache claire, pourtant, il ne rêvait pas, et elle agitait le genou, la cuisse tirait sur la minijupe, et ils continuaient de s'embrasser, de se pétrir les doigts, de rire comme des gamins !... Cocaïne, probablement, qu'ils avaient dû renifler dans leur voiture avant d'entrer. Des Noirs, un mac et sa poule, drogués, bruyants, chez Deuminsse, quatre à cinq cents francs le menu, et toujours cette jambe nue, cette tache claire tout en haut, ce slip blanc sur la peau café au lait !

Mais on lui retirait son assiette, et c'est alors que Bavaud s'aperçut qu'il avait fini son chaud-froid sans même s'en apercevoir.

L'angoisse le figea sur sa chaise.

Il était en train de rater son ascension. À cause de ces deux bougnoules, il avait la bouche sèche, pire, l'estomac noué, et il allait manquer son repas !

Il aurait fallu temporiser, reprendre la concentration depuis le début, mais *La Bisque de Homard Sandro Botticelli à l'Estragon* fumait déjà devant lui. Hors de question de la laisser refroidir, ni de demander au maître d'hôtel de la tenir au chaud en cuisine, Deuminsse détestait ce genre de caprices. Acculé, il ferma les yeux, essaya de faire le vide, s'emplit la bouche de bisque, fit passer le liquide velouté d'une joue à l'autre, puis par-dessus et par-dessous la langue, y mêla un peu d'air, enfin avala. À la troisième gorgée, l'angoisse était remontée jusque dans sa gorge : la bisque était impeccable, le goût, la couleur s'y trouvaient

sans doute, mais pas la mélodie, l'aura, l'envoûte-
ment.

C'était plat, c'était raté.

Infects, abjects sous-développés, en particulier
la provocante femelle, qui caressait maintenant le
pouce de son mâle de façon obscène, sans la
moindre gêne, comme en pleine brousse ! Bien
entendu, pour ne pas être en reste, le mac avait
passé son bras par-dessus les épaules nues de sa voisine, et laissait pendre ses doigts jusque dans
l'échancrure de sa gorge-de-pigeon. Mais jusqu'où
iraient-ils ? Et les autres qui faisaient semblant de
ne rien voir, enfin c'était un comble !

Laissant sa bisque tiédie, il fit un signe au
maître d'hôtel, le somma à voix basse d'aller
remettre à l'ordre les deux sauvages, qui parurent
ensuite tout décontenancés. En une seconde, la
jambe disparut sous la nappe, les mains s'occupèrent avec les couverts, et ils eurent même le bon
ton de mettre une sourdine. D'ailleurs ils ne
riaient plus. Quand même !

*

* *

L'aigre-doux décrispa Bavaud, l'apaisa, parvint
même, grâce au changement de vin, à l'exalter.
Vers la fin du plat, les premières notes de la symphonie s'élevaient en lui. Il commença à prendre
son envol en mâchant lentement *Les Sot-l'y-laisse de
Pintade de Bresse aux Cèpes Gustave Flaubert* qui
étaient à son goût l'une des plus étonnantes subli-
mités de Deuminsse.

Tout n'était peut-être pas perdu. Toujours collés l'un à l'autre, les jeunes Noirs mangeaient du moins dans un relatif silence, ne cherchant visiblement pas la provocation. Au fond, ils n'y pouvaient rien, s'ils n'avaient pas reçu d'éducation...

Observant le travail méticuleux du maître d'hôtel qui apprêtait son cuissot de chevreuil, Bavaud arrivait au bord de l'état de grâce. Pour assurer la réussite, il avait commandé une bouteille de bordeaux exceptionnelle, et ce qu'il huma dans le cristal acheva de l'enthousiasmer. Il entendit lointainement le garçon lui souhaiter bon appétit. Humant toujours, retenant le plaisir devenu certitude, il s'amusa de son envie soudaine de vérifier si par hasard la petite tache blanche n'avait pas reparu.

Quelque chose lui dit de ne pas le faire, mais il passa outre. À ce stade, que risquait-il ?

D'abord il fut déçu. Les jeunes Noirs, qui avaient terminé une entrée assez modeste, se tenaient tout à fait tranquilles, et rien ne dépassait de la nappe. Cependant, il aurait juré qu'il se passait quelque chose... Il observa mieux le visage de la jeune femme, et fut frappé par son aspect à la fois fermé et frémissant. Dans la gorge-de-pigeon, les seins semblaient s'élever à un rythme accéléré. Tout contre elle, son voisin la fixait d'un air attentif, et les ailes de son nez épaté frémissaient aussi par instants. Un peu, qu'il se passait quelque chose ! Bien sages, une main posée à côté de leur assiette, ils étaient tout simplement en train de se tripoter de l'autre sous la nappe !

Il en resta plusieurs secondes bouche bée, incapable de reprendre son souffle ; puis, comme la négresse, la tête renversée, se mordait les lèvres, le sang lui monta d'un seul coup à la tête.

— Non mais dites donc vous là-bas espèces de sagouins ! s'entendit-il tonner d'une voix énorme dans le silence. Ce n'est pas bientôt fini ?

Il se retrouvait debout, sa serviette à la main, titubant de s'être levé si brusquement, et la salle entière avait sursauté, on le regardait avec mauvaise humeur, des murmures de protestation courant déjà parmi les tables. Impossible de s'expliquer, trop tard pour reculer, et les mots de toute façon lui sortaient d'eux-mêmes de la bouche.

— Oui, vous, là, vous savez très bien ce que je veux dire, criait-il en désignant du doigt les coupables. Ça suffit, ces manières, cette provocation !... Je suis juge au tribunal, moi, j'ai le bras long, je peux vous faire foutre à la porte de Suisse si ça continue !

Les Noirs, jusqu'à la table desquels il avait marché, le fixaient avec appréhension, comme une espèce de fou.

— On a de l'argent pour payer, si c'est ça qui vous dérange, articula l'homme avec un léger accent.

— Ça n'a rien à voir, vous savez très bien de quoi je parle ! Outrage à la pudeur publique, vous savez ce que ça veut dire, quand même, dans votre pays ?

La jeune femme fouillait les poches de son ami.

— Montre-lui le papier, à ce flic, montre-lui le papier qu'on a reçu !

Une feuille bleue, un certificat de mariage tout ce qu'il y avait de plus officiel, daté du jour même.

Et la jeune femme qui continuait, s'adressant à tout le monde :

— C'est notre mariage, on fait la fête, c'est pas interdit ?

— Ça ne vous autorise pas, ça ne vous...

— Ça ne nous autorise pas à quoi ?

— Je me comprends ! Enfin quand même ! Il y a des limites...

Et les murmures qui gonflaient, Deuminsse, arrivé des cuisines, qui le regardait, inquiet, fâché... Adieu l'*Omble-Chevalier* ! Et si les Noirs déposaient une plainte pour injures et intimidation ! Injures aux jeunes mariés le soir de leurs noces ! Aussi Suisses que lui !

— Alors c'est le jour de votre mariage, bafouillait-il en relisant le certificat. Vous êtes citoyen suisse, employé de banque, et vous, madame, interprète...

Mais qu'est-ce qu'il avait fait au Bon Dieu ?

— Seulement c'est curieux de n'avoir personne, même pas ses témoins, le soir de son mariage... La distance, j'imagine, les formalités...

Et l'assemblée qui attendait le verdict, retenant lourdement son souffle. Encore trois secondes pour trouver une porte de sortie, puis ce sera l'expulsion à jamais de l'auberge, la honte publique, les larmes de Simone... Mais voilà que grâce à toi, Simone, parce que c'est l'idée que tu aurais eue, fille de pasteur adorée, le ciel s'entrouvre et s'illumine.

— Eh bien c'est très simple, jeunes gens, nous allons tous ici porter un toast à votre bonheur... Monsieur Deuminsse, champagne pour tout le monde, ou ce qu'on voudra, qu'on ne lésine pas ! Et le repas des mariés, bien entendu c'est pour moi !... Si si, c'est la moindre des choses, ça me fait plaisir !... Ha ! ha ! moi aussi j'ai eu vingt ans !... Et vivent les mariés, vive la fête !

*
* *

La jambe ne tarda pas à s'ouvrir de nouveau, et le syndic Édouard Bavaud, les oreilles encore pleines des applaudissements de la salle, tremblant encore d'émotion, garderait jusqu'à sa mort le souvenir du cuissot qu'il dégusta ce soir-là, le regard sereinement fixé à la tache claire, laissant libre cours au trouble multiple qui l'envahissait.

Désormais, une fois sur deux, il invitera Simone. Chacun à une table soigneusement choisie, en faisant semblant de ne pas se connaître, ne se parlant que des yeux et par signes. Et après, en rentrant... Elle sera un peu réticente au début, mais finira par y prendre goût, comme pour le reste...

Il a encore fait un pas sur le chemin de la Connaissance.

Qui sait même s'il n'est pas en train de devenir un *bon vivant* ?

Le Nombril
et la Loupe

I

U<small>N QUI SE PAYAIT</small> une bouille tout ce qu'il y a de pas racontable, dans le genre « eh les gars vous savez pas laquelle ma femme s'est tirée avec le pompiste », c'est Picoulet en revenant de son bureau.

Sa femme s'était pas taillée avec le pompiste (entre nous, ça se comprendrait), mais elle était venue sa femme pendant qu'on discutait au salon l'avertir que Masson – ce faux cul de Masson enfin ! – l'appelait lui le zig Picoulet au téléphone de Paris.

On va trouver que je fais pas dans la dorure avec mes potes, mais faut savoir qu'à la rédaction la règle fondamentale est de tout s'envoyer tel quel à la hure, histoire d'éviter précisément ce qu'il y a de plus gerbant dans le marigot littéraire romand : l'hypocrisie, les bonnes intentions, la petite prose bien léchée et les renvois d'ascenseur. Que deviendrait *Le Nombril et la Loupe,* ultime grincement dans les rouages surhuilés de l'approbation générale, si nous commencions à nous passer la pommade ? Que resterait-il de notre verve si propice à la satire, de notre intransigeance, de toute la substantifique moelle en somme de ces *Cahiers de l'Institut de Recherches microrhétoridrolatiques sur la Littérature romande* (sous-titre trouvé par moi et dont auquel, n'aurai-je pas la fausse modestie de le dissimuler, moi, je suis assez colossalement fier) ?

Pas de quartier entre nous, donc. Discipline élémentaire. Boverat, ça a beau être le réd'chef, c'est Picoulet qu'on lui dit, je sais pas trop pourquoi, peut-être parce qu'il arrive jamais à être aussi méchant ni aussi drôle qu'il voudrait dans ce qu'il appelle ses *exécutions* et qui sont jamais que de petites gigues sautillantes ; Tschopp, c'est bien sûr Cul-de-Tschopp à cause de ses besicles, ou encore Prothèse à cause de ses illusions pas encore perdues ; Crousaz, on l'appelle Depardieu rapport à une pub qu'il a faite lui aussi pour des macaronis ; mézig, je dirais quand même qu'on s'est pas éclaté le bulbe rachidien pour trouver ça, c'est Gros-Conche... Pas très Quai Conti, je reconnais, mais ça maintient l'humilité. Rien de plus lourd que ces « cher ami » faux comme la messe qui pullulent en ce pays.

Or donc revenons à nos veaux. Masson à Paris, disais-je... Déjà en entendant ça les autres, Picoulet surtout, ont commencé à distiller vilain de la vésicule biliaire sous la façade vaguement intéressée. À Paris, Mastic ? Qu'est-ce qu'il foutait à Paris, au lieu d'être avec nous depuis une heure et demie qu'on l'attendait avec la surprise toute prête ! Encore une histoire d'exemplaires à signer, sûrement, de courbettes à faire tous azimuts, rien de bien intéressant... Et puis Picoulet est revenu de son bureau avec cette bouille qu'on aurait cru qu'il allait nous annoncer un cancer, ou quelque chose comme ça.

— Vous savez pas laquelle, qu'il a fini par bavocher, Masson peut pas venir ce soir, il a dû filer tout de suite à Paris...

Ça on savait déjà, mais la suite, je dois dire, même moi ça m'a fait un effet.

— Il vient de recevoir un monstre prix pour son roman... Le Prix Benjamin-Constant ! Cent mille balles ! Enfin vingt-cinq mille...

Mais là je vois que je m'y suis mal pris question chronologie du récit. Mille excuses. Au cas où on l'aurait pas encore remarqué, je prétends pas être un écrivain, moi, pas comme d'autres sur lesquels je m'étendrai pas, encore moins au propre qu'au figuré, j'écris comme ça vient, moi, et ça vient pas souvent dans l'ordre. Comme à la librairie (Librairie Conche, rue de la Broye 26, Moudon, pour ceux qui sauraient pas) où je classe les livres selon mes petites humeurs. Question de nature. Et de toute façon, pendant que j'y suis, qu'on sache que mézig Fernand Conche j'emmerde les institutions, les conventions, les bienséances, les académies, à commencer par tous les Prix Constant, Goncourt, Galligrasseuil et autres foutaises. On sait ce qu'on sait. Paris d'ailleurs n'est qu'une ville un peu plus assommante qu'une autre, chère et peuplée de gens désagréables. Au fond sans importance. Je me fous de Paris !

Que néanmoins toutefois, pour en revenir à la chose dont à propos qu'à laquelle il est question, j'essayasse de procéder de façon un peu plus didactisciplinée.

Donc il y eûmes une fois cinq jeunes gens pleins tant d'invention que d'audace qui, las de considérer la navrante platitude des écrivains et critiques désespéromands, fondâmes *Le Nombril et la Loupe, Cahiers de l'Institut de Recherches microrhétoridrolatiques sur la Littérature romande,* afin de rompre en visière avec le provincialisme tout-puissant. Douze numéros par an, huit cent soixante abonnés, sans parler de distinctions largement médiatisées, remises chaque année aux plus déméritants dans les locaux de la Librairie Conche, faut-il le préciser, 26, rue de la Broye, Moudon : Grand Prix Flon de Goumoens-le-Jux (à un romancier, pour l'ampleur de son œuvre, c'est de moi cette idée), Prix Rohypnol 6 mg (pour l'éveil), Prix Rohypnol 12 mg (pour l'éveil en sursaut, attribué jusqu'ici à des poètes), Prix Bobéchon (jeunes auteurs), Prix Orgchiasme synecdoquique de Critique littéraire (encore de moi, pour saluer l'effort de vulgarisation en vogue à la Faculté des lettres de Lausanne) et j'en passe.

Bu, fut-il énormément, énormément ri et médit. Églises remises au centre du village. Orgueils flagellés. Accointances conspuées. Thuriféraires publiquement fessés. Coteries, amicales, girons poétiques passés au fil de l'ironie. Ragots, injures, menaces, ruptures, aveux, crises de doute, pannes, rodomontades, plagiats, solécismes, tous les petits faits croustillants de la vie littéraire impitoyablement traqués, surpris, divulgués et assaisonnés, avec une drôlerie à ce jour encore inépuisée, d'ailleurs agrémentée de caricatures, d'une dictée parodique, de divers jeux humoristiques, puis, le succès venant, de « la photo sensationnelle de l'auteur que vous ne risquez pas de trouver chez son éditeur ».

Tous cinq jeunes gens bien sûr rédacteurs, mais sézig Fernand Conche, pour ne pas commencer par moi, turbodidacte, libraire libre, que trop la fréquentation duquel recommander point ne saurais-je, Moudon, rue de la Broye 26, naturellement chargé en outre des hautes fonctions de distributeur-diffuseur-comptable. Daniel Boverat, critique littéraire par métier mais trop foncièrement teigneux pour se vendre lui au consensus, coupable au demeurant d'un roman ayant circulé sous forme de photocopies il y a une quinzaine d'années, mais chut, il ne sait pas qu'on a un exemplaire, et on lui garde sa *Neige de Cendre* au chaud pour la grande occase, réd'chef, l'ai déjà dit, et département roman. Le pas tout à fait aussi célèbre qu'il voudrait comédien Maxime Crousaz, aussi méchant que Picoulet mais en plus drôle, théâtre, relations publiques et enquêtes diverses (il traîne assez dans les cafés). Ce grand pisse-froid de Tschopp, qui *finit* une thèse sur Sartre (depuis un nombre si prodigieux d'années, et sur un agité du bocal si dépassé qu'on lui demande toujours si elle avance, sa prothèse sur Anaximandre), départements sociologie, histoire et politique ; enfin Masson, le gentil Mastic, instituteur, qu'il fallait sans arrêt engueuler, Mastic l'inquiet, qui ne buvait pas beaucoup, qui nuançait, Mastic le pâlichon, dont j'avais depuis toujours senti qu'il était au fond pas des nôtres, départements poésie et iconographie. Tel fûmes donc le noyau dur de l'organe révolutionnaire, autour d'iceluiquel vinrent graviter nombre d'occasionnelles et prudemment pseudonymiques plumes, pour la plupart issues des mondes pédagogique et journalistique. Copieusement haïs, vomis, menacés de mort fûmes-nous par les auteurs, par un public de plus en plus large applaudis, soutenus et enviés non moins chaudement. Tout était donc pour le mieux dans le plus nul des mondes littéraires possibles.

Et puis voilà-t'y pas que sézig Mastic, sans point un seul mot jamais nous dire et moins encore nous montrer, a pondu un roman. Pas un mot à ses potes, le répète. Qui durent l'apprendre en lisant par hasard l'annonce des parutions de la rentrée dans tel vil baveux de la place. Vexé, oui, je l'avoue, vexé me sentis, trahi quelque part, peut-être même bien obscurément raillé, pour ne pas dire quasi presque moralement cocufié. « Au rayon des nouveaux auteurs, nous citerons d'abord Jean-Philippe Masson, instituteur à Donneloye, dont le roman bellement intitulé *L'Ouverture* vient de paraître à Paris chez Gallimard… »

Sézig Picoulet, quand on lui a montré ça, on a cru qu'il allait s'en anévriser une amygdale. Lui qui a tendance déjà quand il est calme à clapoter dans sa salive, y avait avantage à se tenir à distance. De la bouche, que ça lui sortait, du nez, des yeux, des oreilles, il en suintait même du crâne entre ses cheveux rares. Le radier illico du journal, ce sale

ignoble fumier de Masson, il voulait. Lui téléphoner, l'insulter, lui casser la gueule (il brandissait
son petit poing tout blême, le pouce en dedans
comme une fille). Non, beaucoup mieux, on allait
tirer un numéro spécial pour le descendre en
flammes et dénoncer les manigances, les basses
promesses, les dégueulasses compromissions, les
pipes innombrables qu'il avait forcément faites
pour arriver comme ça d'un coup chez Gallimard,
collection blanche, parce qu'il fallait pas qu'il dise
qu'il avait envoyé son manuscrit par la poste, il
avait des pistons, c'était pas possible autrement.

Une quille de Glenlivet plus loin, on a quand
même fini par lui faire entendre que d'abord le
roman il fallait peut-être le lire. Sans le moindre
parti pris. Comme des professionnels qu'on était.
Et qu'ensuite seulement on aviserait. En attendant,
puisque sézig Masson il avait rien voulu nous dire,
nozig on ferait avec lui comme si de rien n'était.

Donc on a lu *L'Ouverture,* rien que ça, trois cent
douze pages pour dire le malaise d'être Suisse en
Suisse – comme si on le retenait, tiens. Et quelle
nouveauté. Ça manquait. Enfin beaucoup de naïve-
tés, de calvinisme rongeur, de paysages-reflets-de-
l'âme-du-héros, de cul métaphorique et coupable,
une histoire banale, un style appliqué, mais vaille
que vaille ça se lisait. Avec quelques bons moments,
le reconnais. Et des hures pas piquées des hanne-
tons. Il m'a pas mis Masson dans son histoire, mais
l'employé du service d'accueil aux réfugiés a la
bouille exacte de Picoulet quand il aura dix ans de
pire ; Crousaz est évidemment le peintre impuis-
sant devenu prof babolant à l'École des Beaux Arts,

et il a pas loupé Tschopp non plus en phraseur à écharpe et effets de lentilles au Café Romand. Le plus poilant est qu'ils se sont pas reconnus. Enfin un livre parmi d'autres, quoi, qu'on aurait trouvé en somme passable, même assez réussi dans son genre si c'était pas Masson qui l'avait écrit, ça, franchement, on peut que l'admettre.

Donc on s'est revus pour statuer. D'abord ça a bien commencé, because on était tous bien d'accord, quoique pas pour les mêmes raisons, pour dire que c'était pas un roman son truc. Une longue, une trop longue nouvelle, peut-être. Ou bien une chronique, mais d'après Tschopp la structure « à tiroirs » empêchait que ce soit une chronique, et Crousaz voulait pas entendre parler de récit non plus à cause des descriptions. Enfin un roman c'était pas, et de toute façon on était très loin du *Rivage des Syrtes,* de *La Condition humaine,* de *Voyage au bout de la nuit,* ou des *Chemins de la Liberté.* Y avait pas à tortiller, Masson n'était ni ne serait jamais ni Proust, ni Tolstoï, ni Miller, ni Hemingway. On a bien ri à ce petit jeu-là.

Dans le détail, Crousaz trouvait qu'il aurait pu y avoir de belles scènes, mais que Masson savait pas faire parler les gens, aucune oreille, aucun sens de la réplique.

Tschopp trouvait l'ensemble assez *joli,* pour autant qu'on s'arrête pas sur le contenu philosophique de l'œuvre, parce que là évidemment, ce cher Masson, quand il se mettait à penser sur le néant, il y arrivait encore plus vite qu'il voulait.

Mais mézig j'ai dit que je le trouvais moi ce livre quand même pas si emmerdant pour de la littérature romande, donc qu'il fallait surtout pas en faire un plat, dans un sens comme dans l'autre. Sûr que c'était pas Céline, Masson, mais fallait pas oublier que tout le monde nous attendait au contour, et qu'on avait intérêt à bien calculer notre coup, si on voulait pas avoir l'air complètement con, des fois par hasard qu'au cas où il aurait du succès. Sévère et objectif, l'article, moi je le voyais, avec des arguments précis, quelques encouragements et un susucre pour emballer le tout, style on attend la suite avec intérêt, trois mille signes et qu'on n'en parle plus. Comme ça on était couverts.

Mais Picoulet, qui ricanait dans son coin, trouvait lui l'œuvre tout simplement *à chier* du début à la fin, d'ailleurs il avait dû prendre quinze cachets d'Imodium, un par chapitre, pour arriver au bout. Masson n'y couperait pas, il allait le carboniser pleine page, il avait déjà le titre : *Après* L'Ouverture, *la chasse !* et on allait même mettre un *i* entre parenthèses à côté, que le lecteur pourrait coller au bon endroit.

Ça l'avait requinqué, sa trouvaille. Il en était tout joyce à l'idée de ce qu'il allait torcher ensuite. Du sanglant, du sanieux, ça promettait, l'exécution de sa vie. Dans le public on pourrait dire seulement qu'on avait un peu poussé la sauce, qu'il argumentait encore Picoulet, mais mieux valait ça plutôt qu'on nous trouve copains. De notre image de marque il en allait, rien de moins, et les autres étaient bien de cet avis. Mézig alors j'ai vu que j'avais fait ce que j'avais pu. Après tout il avait qu'à pas nous faire ce coup-là Masson. Et puis une bonne éreintée, pour un jeune auteur, c'est toujours bon à prendre.

Donc on a craché chacun ses six colonnes pour dire ce qu'on en pensait de *L'Ouverture,* nous les inoxydables, et on s'est retrouvés deux jours après pour accorder les violons avant de balancer le colis à l'imprimerie. Une chouette surprise ce serait pour sézig le grand romancier solitaire quand on la lui montrerait, parce qu'on voulait la voir nous sa tête quand il lirait… Et sûr que jusque chez Gallichpeutze on en parlerait. Qu'ils voient une fois que c'est pas parce qu'on a sa petite table réservée chez Payot qu'on en impose à tout le monde !

On s'est lu nos contributions, et là il a bien fallu reconnaître que le zig Picoulet il s'était transcendé. D'abord on a craint, parce qu'il commençait comme toujours par sa petite déploration sur la misère littéraire de la rentrée, avec cette espèce de lassitude pète-sec qui fait plus rire personne, mais il peut pas s'empêcher, c'est plus fort que lui. Il se rattrapait ensuite dans le long résumé bien rase-mottes de l'œuvre, avec simplifications hyperboliques et sous-entendus genre « si j'ai bien compris » ou « je n'invente rien », mais cette fois il avait là comme des gloussements assez réussis. C'était plein de *sic* entre parenthèses, au passage il citait une dizaine de grands auteurs qui avaient déjà « mais avec quel talent » dit les mêmes choses et Masson se retrouvait aplati comme une crêpe.

Or jusqu'ici il s'était juste chauffé la bile, Picoulet. Il pouvait commencer maintenant à s'étonner d'une telle naïveté, de procédés narratifs si simplistes, d'intentions métaphysiques si suicidaires.

Ce titre ridicule, d'abord. Ces personnages invraisemblables, caricaturaux. Ces clichés helvétiques dont l'auteur « usait et abusait » – parce que Picoulet sait pas encore que c'est deux verbes. Cette romandissime introspection, ces désespérants sapins, ces scènes d'amour désopilantes de poésie – et là il faisait des citations sublimement vachardes – enfin ce style tristounet, laborieux, sorti tout droit des talus de Donneloye, sans recherche, sans audace, sans panache, sans délire, sans folie, sans souffle épique ni lyrique, sans échine, sans chair, à se demander s'il y avait encore quelque chose d'écrit sur son livre, à Masson. Il avait compté jusqu'à huit adjectifs épithètes dans la même phrase, sept adverbes en *-ment* sur une seule page, identifié sept cafés tous situés à Lausanne, dans un périmètre de trois cent vingt mètres, où le personnage ne buvait qu'un seul et unique alcool du terroir. Elle était où *L'Ouverture* ? C'était plutôt de la fermeture qu'il aurait fallu parler ! Coup de bol, il avait encore dégotté un « après que » suivi de l'indicatif, et des « effluves » au masculin, c'était pain bénit pour goupiller la transition et sortir la suprême artillerie.

À la grosse Bertha qu'il se mettait alors à l'allumer le jeune romancier présomptueux, parlant de mépris de la morphologie élémentaire, d'ignorance, d'indigence, d'insolence à la fin puisque tout montrait que non content d'ennuyer son lecteur, il le prenait pour un analphabète, puis il allongeait le tir Picoulet sur l'École Normale, l'instruction publique, la multibarbarie médiatique, cette fin de siècle décadente, les pires angoisses qu'on pouvait nourrir en songeant au prochain millénaire, nos pauvres enfants, etc.

Dommage qu'il se soit enroué là en voulant hausser le ton Picoulet, parce qu'il le tenait enfin son *quousque tandem.* Mais au lieu de rugir, le geste ample, il glapissait, il gigotait avec ses feuilles comme une espèce de petit coyote dressé sur ses pattes de derrière et, comble de malchance, comme il se donnait un grand coup de sarcloir dans les éponges, une glaire lui a sauté de la bouche, pour se coller au bas de son texte. Décidément pas pour lui les foudres cicéroniennes, Picoulet. Pas le coffre, pas l'étoffe. Heureusement, il revenait dans sa péroraison aux allusions vicelardes, aux petites tournures acidulées, et on l'a applaudi quand même à la dernière phrase, où il bouclait assez habilement en faisant jeu de mots une nouvelle fois avec son titre.

Là-dessus on a peaufiné le numéro, on l'a envoyé à l'imprimeur, et d'entente avec Mastic, qui savait bien sûr toujours rien, on s'est donné rendez-vous pour lui offrir le pétard avec un beau ruban. On en mouillait. Toute la semaine on en a mouillé rien qu'en pensant à la tête qu'il ferait Mastic, obligé de tout lire devant nous en faisant semblant de trouver drôle pendant qu'on sablerait le champagne...

Enfin tout ça pour dire que le zig Picoulet, le fameux soir, depuis une heure et demie que Mastic arrivait pas, commençait à carburer féroce.

— Regardez-moi ce traître, ce sale immonde infect Judas, qu'il disait, il se donne plus la peine de téléphoner quand il est en retard. Et vous verrez qu'il ne viendra même pas. Son nom sur la couverture de Gallimard et fini les copains ! Connaît plus ! De la merde les copains ! Ils peuvent crever dans leur petite province, je les ignore, je les méprise !... Quand je pense que vous trouviez que j'ai été trop dur !...

Et puis alors c'est là qu'il y a eu le coup du Prix Constant, qu'il s'est respiré Picoulet comme un crochet au foie signé Mike Tyson. Papier maïs, qu'il en est resté, assis sonné dans son fauteuil, plus même capable de tenir sa cigarette entre ses lèvres.

Nous autres aussi, je dois dire, on n'en menait pas épais. Le numéro tout frais imprimé, déjà dans les enveloppes, prêt à partir le lendemain !

Tschopp tâchait de sourire en trouvant la chose amusante d'un point de vue philosophique, je suppose, mais il en avait les traits tirés de tous les côtés à la fois, et Crousaz sirotait son whisky dans une pose voulue proche de l'indifférence avec subtile touche ironique qui lui donnait surtout l'air du type qui vient de se faire piquer sa bagnole.

Un long moment on est restés comme ça sans piper mot. C'est moi que j'ai parlé le premier. Ça change tout ce prix, j'ai dit. Le numéro spécial, on peut encore le retenir et rectifier le tir... Ça a fait comme si on m'avait pas entendu. On voulait même pas me regarder... Qu'est-ce que t'entends par rectifier le tir ? qu'il a fini par demander Picoulet, hargneux comme un poux... Les autres attendaient toujours sans me regarder, pas pressés de se signaler... Alors je me suis lancé. À part envoyer ce numéro au pilon et passer les frais d'imprimeur par pertes et profits, je vois rien. Je vous avais bien dit, que j'ai dit... Re-silence, Picoulet noir de rage, mais j'ai été jusqu'au bout... Fusiller le roman à Masson après ce prix, j'ai dit, y a pas moyen de faire plus provincial, c'est clair. On va en rire partout pendant une année, j'entends d'ici les gens à la librairie en m'achetant *L'Ouverture*. Parce qu'il faut pas compter sur moi pour le boycotter, ce roman. Les prix, c'est peut-être du toc, mais c'est encore ce qui remplit la caisse et mézig j'ai que ça pour vivre, faudrait peut-être pas l'oublier...

Là Picoulet il a haussé les épaules et regardé à l'autre bout de la pièce. Il voulait plus qu'on lui parle. La grosse déprime, le deuil intégral. Il avait l'air de souffrir tellement que j'ai eu pitié de lui. J'aurais bien voulu avoir une autre idée, moi, mais j'en avais pas la moindre. Faits comme des rats, on était.

II

S'IL A PU m'arriver souvent de trouver fas-
tidieuse, voire absurde ma collaboration au *Nombril*, comme si mes travaux sur Sartre, ajoutés à
mes fonctions d'assistant à l'Université, ne me
suffisaient pas, les événements liés à l'attribution
du Prix Constant à Masson, au-delà de toute considération littéraire relative au bien-fondé ou non de
cette distinction venue couronner une œuvre en
somme assez insignifiante dans un sens comme
dans un autre, m'ont convaincu que j'avais pourtant fait un choix excellent, je dirais même des
plus féconds, et rien ne m'étonnerait moins que je
me mette un de ces jours, quitte à laisser Sartre
quelques semaines, à un essai sur les phénomènes
d'hyperprovincialisme et leurs conséquences.

Il est plus qu'improbable en effet que j'eusse
en un quelconque autre milieu qu'au comité du

Nombril pu trouver matière si riche sociologiquement sous le rapport en particulier des effets paradoxaux du clan sur l'individu, en ce sens que d'une part la sensation d'appartenance au groupuscule confère au membre une sensation d'*agrandissement,* par la réfraction de ses propres a-priori chez les autres et inversement, par divers phénomènes motivants de surenchère narcissique tels que les traits d'esprits, morceaux de bravoure, attaques et autres jugements d'autant mieux ressentis qu'ils sont plus assertoriques et simplistes, ainsi que par le traditionnel effet « drapeau » de la cause commune minoritaire donc plus digne, cela en somme très voisin du discours fasciste (à étayer), et que d'autre part cette dynamique du refus et de l'élévation supraconsensuelle engendre, là est l'intérêt, un étrange autant qu'irrésistible *rétrécissement,* tout à fait inconscient pour le sujet comme pour les autres, quoique ses symptômes soient révélateurs de tensions psychotiques importantes, telles l'hystérie larvée de Picoulet ou la régression bébéatiforme de ce pauvre Conche notamment, tant au niveau caractériel et social de l'individu qu'à son niveau culturel et intellectuel.

Microcosme – mégacuistre, en quelque sorte (récupérer peut-être cet oxymoron pour le titre de l'essai), et il paraît déjà possible d'émettre comme une loi à certains égards en désaccord avec la psychologie des foules traditionnelle que le cuistre sera d'autant plus grand que son clan sera petit, ce qui tendrait à impliquer que, à défaut peut-être d'écrivains aussi importants que ceux qui s'entrerécompensent à Paris, la province suisse française possède en tout cas des cuistres autochtones inégalables là-bas, à moins que l'on considère Paris comme une province, ce qui, du simple fait que la francophonie entière cherche à s'y faire publier et pas inversement, n'a aucun sens. (À développer dans un chapitre à part. Et vérifier si à Paris existe le pendant du *Nombril*.)

Pour en revenir aux phénomènes d'hyperprovincialisme, il est évident que le cas Masson est magistral d'abord d'un point de vue psychoaffectif et social. Jusqu'à l'annonce de la parution de son livre, on aimait Masson non pas en tant que tel mais en tant que membre du clan, c'est-à-dire en tant qu'individu blessé par telle ou telle impuissance à faire partie des privilégiés hors clan ayant leur nom écrit sur une couverture ou une affiche, donc en tant qu'individu doublement consolant parce qu'atténuant par sa seule existence l'échec des autres et leur offrant par là même la possibilité de le mépriser, si bien que le venin qu'il dispensait dans ses articles ou ses plaisanteries était apprécié autant pour le mal qu'il causait à l'intéressé que pour la souffrance personnelle implicite qu'il trahissait, processus renforcé du fait qu'il avait précédemment publié deux petites choses à compte d'auteur sans cacher son amertume à n'être lu de personne. Or la révélation du prétendu roman en même temps que celle de son élaboration secrète (phase de rupture initiale interne et phase externe simultanées) ont fonctionné en somme comme la consommation du fruit défendu, engendrant la réaction immédiate de Dieu Picoulet sous forme d'expulsion de l'éden *Nombril* et de châtiment cosmique, alors qu'au niveau psychanalytique on peut noter le caractère littéralement organique de ce rejet transparaissant chez lui dans ses continuels recours au registre scatologique, mais il est plus productif encore de rapprocher la crise passionnelle somme toute démesurée causée par Masson avec la haine provoquée par le conjoint adultère, puisque sa victime se retrouve comme le membre du clan à la fois quitté en tant que tel et quitté pour un autre qui est son contraire, c'est-à-dire à la fois renié et nié, en sorte que le doublement aimable parce que semblable minable Masson est devenu exponentiellement haïssable de s'être subrepticement et itérativement détourné du clan (le cas de la maîtresse ou de l'amant de longue date), puis hissé jusqu'à une différence publique de surcroît prestigieuse (comme si l'infidélité était applaudie *urbi et orbi*) amenant la phase aiguë de la rupture du reste aggravée de retard inexpliqué puis d'absence pour raisons d'intérêt supérieur, si bien que le sentiment d'abandon inique porté au paroxysme ne pouvait qu'aboutir au besoin de vengeance chez les autres, avec cet instinctif réflexe du talion qui a amené comme une évidence indiscutable la nécessité de ce « numéro spécial » chargé en somme d'une valeur inconsciente de catharsis où se défoulerait la vindicte des vexés sublimée en vague argumentation critique, chacun apportant métaphoriquement son bois au bûcher où serait effectivement « carbonisé » le félon.

La réaction au premier abord déroutante de Picoulet après la nouvelle du prix parisien (qui intervient comme un élément d'autant plus péjorant au niveau passionnel de la volonté de vengeance qu'il constitue en soi-même l'impossibilité factuelle de cette vengeance), lorsqu'il a compris qu'il faudrait renoncer à envoyer le journal aux abonnés, perdre de l'argent et surtout laisser impuni le coupable, devient, si l'on se fonde sur cette même logique du paroxysme, tout à fait naturelle : il n'est plus possible de carboniser Masson, mais il faut pourtant bien que je carbonise quelqu'un ou quelque chose, tant pour calmer ma fureur que pour sortir de l'impasse ; le numéro spécial étant symboliquement du moins déjà carbonisé, il ne me reste donc plus qu'à me carboniser moi-même et l'institution avec moi, par conséquent je démissionne avec fracas de mes fonctions de rédacteur en chef, en tâchant de dissimuler le caractère dérisoire de cette réplique sous toutes sortes de prétextes affectifs et moraux ennoblissants tels qu'amitié brisée, dignité blessée, etc., censés transformer la dissolution du clan pour cause de simple ridicule en drame voisin de l'apothéose.

Chapitre suivant : les valeurs rituelles du clan – jargon, signes, usages d'initiés, etc. – pour souligner son caractère sacré et par suite le caractère nécessairement iconoclaste de toute rupture, voire de simple manifestation d'indépendance au sein du clan provincial, et démontrer que dès lors l'écrivain ne peut être considéré de toute façon par la province et *a fortiori* par le clan provincial que comme une sorte d'usurpateur, le cas Masson en étant une fois de plus la démonstration exemplaire.

Autres pistes de recherche : étudier les effets géographiquement ou chronologiquement paradoxaux de la simple existence d'un écrivain (et non de son œuvre) sur le clan des impuissants ; montrer pourquoi l'écrivain est forcément impardonnable dans la proximité spatio-temporelle et louable éventuellement dans la distance.

Approfondir les causes du sentiment fondamental d'injustice (antérieur même à la jalousie, qui en découle) chez le membre du clan face à l'écrivain local (ce dernier mot constamment utilisé d'ailleurs par Picoulet avec effet *boomerang*).

Décrire, en redistribuant les rôles, ce que serait le paysage littéraire idéalement juste aux yeux du membre du clan. Qui serait publié, et où ? Qui recevrait justes éloges et récompenses ? Démarche amusante pour un chapitre final... Mais ne serait-il pas plus judicieux de commencer par là ? Paraît trop simple, cependant, beaucoup trop évident...

III

ACTE IV

*Même décor. Plus sombre dans la pièce. Portraits de
Valéry, Kundera et Ionesco se fondant dans la pénombre.
Feu mourant dans la cheminée.*

Scène I

*Les mêmes.
Picoulet debout derrière la table centrale sur laquelle est
posé le numéro du Nombril serré dans le ruban rose.*

La scène commence par un long silence.

TSCHOPP

Voyons, mon cher Daniel… Écoute…

PICOULET

Garde tes salades, ma décision est irrévocable.

TSCHOPP

Tes décisions ! car tu viens de prendre *deux* décisions !... La première, du reste suggérée par le bon sens précieux de notre excellent Conche, est bonne : il ne faut pas distribuer ce numéro spécial, quelque amer que puisse te paraître le renoncement à ton pamphlet, qui, je le dis tout net, est un chef-d'œuvre foudroyant, ah si, ah si, mon cher ami, un chef-d'œuvre du genre comme je ne connais pas d'autre exemple, et dont j'avoue qu'il n'est pas loin d'exciter ma jalousie...

CONCHE

Il a raison ! Nous c'est du pipi de chat, à côté !

TSCHOPP

Cette douloureuse mais sage résolution, Picoulet, n'implique cependant pas que tu décides aussi de démissionner. Sacrifice disproportionné ! Je dirais même intempestif, abusif !... Comme si tu avais failli à ta tâche ! Est-ce donc toi qui as menti, abusé, escroqué ? Est-ce toi qui as trahi la confiance de tes amis ?

CONCHE

C'est vrai ça, c'est plutôt Masson qui devrait démissionner...

PICOULET

Inutile, je vous dis, je suis trop écœuré, je ne pourrai plus jamais travailler comme avant, je ne pourrai plus écrire... C'est foutu, tout est foutu... Tenez, voilà ce que j'en fais de ce torchon... (*Il prend* Le Nombril et la Loupe *devant lui et le met en pièces. Il s'acharne vainement sur le ruban, finit par jeter le tout dans le feu.*) Là !... Voilà !...

TSCHOPP, *riant doucement.*

Vas-y, Daniel, déchire, broie, exsude ta colère, c'est bien, maintenant tu vas pouvoir nous revenir, revenir à toi-même et à tes amis... Y penses-tu à nous tes amis ? Veux-tu nous laisser tomber ? Parce que tu sais bien que nous sombrerons avec toi, que *Le Nombril et la Loupe* tout entier sombrera avec toi, vous êtes bien d'accord, vous autres ?

CONCHE

Alors ça c'est sûr, Picoulet, c'est toi le réd'chef, c'est toi l'épine dorsale...

CROUSAZ, *à mi-voix.*

L'âme damnée…

TSCHOPP

Picoulet… Picoulet… Songe à ce que serait la vie littéraire en cette misérable province si nous n'existions plus… Songe à ce retour de l'ennui, de la désespérante et dégoûtante suprématie du copinage, de l'hypocrisie !… Notre mission, Picoulet, notre mission !

PICOULET,
debout à côté de la cheminée, se met à hoqueter.

Hoc !… Hoc !… Mon vieux Tschoc !…

TSCHOPP

J'en appelle aussi à ta mansuétude, Picoulet, oui, ta mansuétude et ton sens des responsabilités… Voulais-tu véritablement le voir se balancer à une poutre, Masson ? Ne te rendais-tu pas compte qu'un texte comme le tien est de ceux dont on ne se relève jamais ? N'est-ce pas, vous autres ?

CROUSAZ

Oui, mais après tout qui expose s'expose… Et le comédien qui se fait siffler, jeter à la rue, est-ce qu'il se pend, lui ?

CONCHE

N'empêche, il est fragile, Masson…

TSCHOPP

Fragile, tu l'as dit, excellent Conche, son livre le dit aussi à chaque page !… Sous le coup de l'indignation, la légitime indignation, nous allions, toi surtout, Picoulet, avec ton pamphlet impitoyable, ta véritable épée de justice, le pourfendre mortellement, je n'en doute pas ! *(Picoulet se met à sangloter.)* Ici se pose un problème de simple éthique qui, tu l'admettras…

PICOULET

Je… Ah ! mon vieux Tschopp ! tu as raison… Oublions, oublions tout ça !… Laissons-le !… Tant pis !…

TSCHOPP

La vie du reste se chargera de le châtier. Feu de paille que tout cela ! Vaine agitation ! Le vent tourne, la mode change, les humeurs de ces messieurs les Parisiens sont terriblement labiles, bientôt nous reverrons le sire Mastic, tout humble et repentant, solliciter une modeste place ici, parmi nous…

CROUSAZ,
sortant soudain de sa réserve, lance son verre de whisky
dans la cheminée, dont la flamme s'amplifie brusquement,
puis il traverse la pièce avec vivacité.

Merde !

Picoulet et Tschopp, sur le point de s'embrasser, restent en suspens.

CONCHE, *stupéfait*

Mais qu'est-ce que tu as, Crousaz ?

CROUSAZ

Merde !... Merde et merde !... Je vous observe depuis un moment et je vous trouve lamentables !... Non mais qu'est-ce que c'est que cette mélasse ? Regardez-vous !... Ah, ils sont beaux, les purs et durs ! Ces atermoiements, ces angoisses sur ce qu'on pensera de nous, cette dégonflade générale parce que Masson a eu le Prix Constant, maintenant ce mélo, on croit rêver !... Et toi qui parlais de mission, Tschopp, essuie tes lunettes ! La mission, parbleu, c'est justement de ne pas se laisser influencer par des circonstances de ce genre, c'est de persévérer dans les coups durs, de montrer ce qu'on a dans le ventre !

TSCHOPP, *décontenancé*

Mais je suis bien d'accord, j'allais y venir, je n'ai pas dit qu'il fallait tout à fait renoncer...

CROUSAZ

Masson dût-il recevoir le Prix Nobel, la mission, c'est de publier nos textes tels quels, puisque nous les avons écrits tels que pensés en notre âme et conscience !... Alors Picoulet maintenant tu te prends par la peau des fesses, Tschopp tu te tais, et toi Conche tu vas nous balancer ces enveloppes au premier courrier demain matin !... Ha ! ha ! ne sommes-nous pas de taille à nous moquer de Paris et de toute son arrogance ? Publions, je vous dis, et à Dieu vat !

CONCHE

Moi je veux bien, moi, mais faudrait savoir...

TSCHOPP

J'admets que, d'un certain point de vue, on peut aussi considérer, sous l'angle purement idéologique...

Scène II

Les mêmes.
Entre Suzanne, la femme de Picoulet, très animée.

SUZANNE

Dany ! Jean-Phi vient de rappeler, il était très pressé, il a eu juste le temps de me dire qu'il fallait que vous vous libériez vendredi et samedi...

PICOULET

Comment ? Il ose encore...

SUZANNE

Il veut que vous passiez avec lui à la télé, Pivot fait son *Bouillon de Culture* sur la littérature suisse romande, et ensuite il y a un dîner chez Gallimard avec tous les pontes... Dany, c'est génial ! Je serais tellement contente si ces gens relisaient ton manuscrit, maintenant que Jean-Phi est dans la place il pourra...

PICOULET

Suzanne ! je t'avais pourtant dit !...

SUZANNE

Et pour vous aussi ça peut être intéressant de rencontrer...

PICOULET

Suzanne, je t'interdis !

CROUSAZ

Allons Suzanne, ne rêvons pas... Il y a trop de comédiens, à Paris, ils se tiennent...

SUZANNE

Oh, ce que je me réjouis, les femmes sont invitées au dîner...

CONCHE

Moi en tout cas, je pars du principe que quand on est invité poliment, on va au moins regarder... Et de mémoire de Conche, dans la famille on n'a jamais refusé un bon souper...

PICOULET, *à Suzanne, bas.*

Il t'a parlé de mon manuscrit ?

TSCHOPP

Il est vrai que, d'un point de vue strictement scientifique, Paris, en ce qui concerne les recherches sur *L'Être et le Néant*...

IV

Éditorial

Après « L'Ouverture », l'espace enfin !

par Daniel Boverat, rédacteur en chef

Il est de plus en plus fréquent, hélas, dans la décadence de cette fin de siècle, que le critique doive frotter ses yeux exténués pour pouvoir continuer sa route, à la recherche d'une hypothétique trace de talent, de simple nouveauté dans le tout-venant informe de la rentrée littéraire romande, où se bousculent tant de livres ternes, sans histoire, sans élan, plus délibérés qu'inspirés, triturés mais sans style, confits dans un régionalisme crasse ou artificiellement projetés vers tel ailleurs de carton-pâte qui, à tout prendre, fait regretter la cochonnaille si chère à certains.

Au point qu'on ne peut que s'interroger sur la bonne foi des éditeurs locaux – ne vivent-ils pas, comme nos heureux agriculteurs *(heu nimium felix editor),* surtout de subsides ? – et s'apitoyer sur le futur chercheur chargé d'écrire l'histoire littéraire de ce pays («Waterloo, morne plaine »)...

Mais voilà que, ses paupières alourdies sur le point de se fermer et de mettre fin provisoirement à sa torpide désespérance, le critique se sent tressaillir, du frémissement oublié qui pourtant ne trompe pas. Quelques pages encore, lues avec une sorte d'allégresse mêlée d'incrédulité, le conduisent cependant à l'évidence. Oui ! oui ! le chef-d'œuvre tant attendu est là ! C'est un roman, il s'intitule *L'Ouverture,* et il est signé Jean-Philippe Masson, qui se paie s'il vous plaît la couverture somptueuse de Gallimard, collection blanche. Comme si cela ne suffisait pas, cet instituteur de Donneloye, fils de laitier, vingt-sept ans, père de trois enfants, vient d'obtenir le considérable Prix Benjamin-Constant, assorti d'un chèque de cent mille francs (français).

Ici nous voyons venir les esprits médiocres qui déduiront que le fait que Jean-Philippe Masson soit un collaborateur du *Nombril et la Loupe* influence notre jugement bien sûr déjà faussé par les noms prestigieux cités plus haut, et qu'il en irait autrement d'un inconnu publié par tel brave éditeur régional. Face à ce réflexe mesquin, nous ne pourrons rien. Il ne saurait du reste en aller autrement en province, et la réussite éclatante du roman de Masson surpasse du reste ce vil débat de cent coudées.

Plutôt que de résumer *L'Ouverture,* ce qui nuirait immanquablement à une intrigue menée de haute main, dans la grande tradition des romanciers français (on pense à Gracq, à Camus, à Malraux), nous préférons nous attacher aux qualités intrinsèques de ce roman qui fait notre enchantement.

Le titre, d'abord, est une de ces trouvailles qui fera gémir d'envie maint scribouillard ici-bas, dont les titres sont pour la plupart aussi engageants qu'une porte de pénitencier : *L'Ouverture,* il suffisait d'y penser, mais quel envol, quel essor, quelle musique ! On comprend que, rue Sébastien-Bottin, on ait remarqué tout de suite ce titre parmi le monceau de turpitudes quotidiennement charroyées par la poste via le Jura.

Pierre, le héros, raconte sa propre histoire à la première personne. Comme on voit, où tel autre vernaculaire se fût exténué à explorer de nouvelles voies narratives, Masson, usant et abusant de procédés tous efficaces et plausibles, se forge un style direct, sans afféterie, léger, audacieux par endroits, voire délirant, plein de sève dans quelques descriptions chaudement érotiques (ô ces étreintes sous les sapins métaphoriques, mais je vous en dirai pas plus, gros vilains).

Autre rareté – ô combien précieuse dans ce landerneau originellement voué à l'introspection morose – les personnages que croise Pierre tout au long de son odyssée en forme de quête spirituelle sont à la fois fortement charpentés en leur spécificité et subtilement dessinés au gré d'une ironie irrésistible, qui leur confère une épaisseur magistrale : un brocanteur lourdaud qui parle à ses vaisseliers en se prenant pour San-Antonio, Perec et Céline réunis, un fonctionnaire au service d'accueil aux réfugiés littéralement dantesque de crétinisme obtus, agressif de surcroît, un peintre devenu prof par la force des choses, ou plutôt par la puissance de sa paresse, et qui ne pardonne pas à ses élèves de le dépasser, un gauchiste kafkaïen payant des bières à des jeunes filles sans s'apercevoir qu'elles se paient sa tête, bref, un bel échantillonnage de la faune aborigène, dans laquelle d'aucuns pourront se reconnaître...

Mais qu'on ne s'y trompe pas ! De même que le style apparemment simple de l'œuvre révèle un talent incomparable d'écrivain (on trouve des paragraphes de vingt lignes sans un seul *et,* des pages entières sans un seul adjectif épithète, et Jean-Philippe Masson, formé à l'École Normale, est de l'espèce en voie de disparition qui fait suivre *après que* de l'indicatif), le contenu philosophique de *L'Ouverture* lui aussi, malgré ou peut-être grâce à ses facétieuses facettes, est d'une extrême richesse, qui dépasse les limites de cet éditorial.

On lira ci-après l'article de Fabrice Tschopp consacré à ce sujet, suivi de *Vers une nouvelle conception du dialogue ?* entretien avec l'auteur recueilli par Maxime Crousaz, et de *Sacrézig Mastic tu nous as bien eus !*, la traditionnelle lettre « humoralistique » haute en couleur de Fernand Conche.

Qu'il nous suffise pour conclure de redire notre soulagement à la découverte d'un talent neuf en cette Sibérie, et notre bonheur de nous associer humblement au succès triomphal de cette œuvre. Bravo donc à Masson, qui, les copies de ses chères têtes blondes enfin corrigées, a su trouver l'énergie, le courage, l'abnégation, pour achever son roman !

Bravo à l'artiste qui a su élaborer son œuvre d'ouverture au monde dans la solitude glacée des talus herbeux de Donneloye, sans faiblir, sans solliciter une seule fois l'appui de ses amis ! Trois fois bravo !

L'auteur signera son livre vendredi prochain, de 16 à 20 heures, au siège du journal, dans les locaux de la Librairie Conche, rue de la Broye 26, Moudon. Apéritif offert.

TABLE

CET OUVRAGE,
QUI CONSTITUE LA TROISIÈME ÉDITION DE
« NAINS DE JARDIN »,
A ÉTÉ ACHEVÉ D'IMPRIMER
EN NOVEMBRE 1998
SUR LES PRESSES
DE L'IMPRIMERIE CLAUSEN & BOSSE,
À LECK